JN442699

안 동
문 화
100선

●❸❷

김
대
성 金大成

영남대학교 문과대학 사학과를 졸업하였다. 안동 경안고등학교에서 역사 교사로 재직하였으며, 안동교회 역사위원장과 『안동교회 111년사』 편찬위원장을 역임하였다. 논문으로는 「안동교회 석조예배당 연구」가 있다.

안동교회

김대성 글

민속원

안동교회

차례

안동교회의 시작

안동 지역 복음의 전파

베어드 선교사

우리나라에 기독교 선교사가 처음으로 들어온 것은 1884년 9월에 입국한 미국 북장로교 선교사 알렌Horace N. Allen[한국명 안련安連]이라고 알려져 있다. 그러나 그는 미국 공사관의 의사 신분으로 들어왔다. 조선정부에서는 선교사의 선교활동을 허락하지 않고 있었기 때문이었다. 다음 해인 1885년 4월 5일 장로교의 언더우드Horace G. Underwood[한국명 원두우元杜尤] 선교사와 감리교의 아펜젤러 Henry G. Appenzeller[한국명 아편설라亞篇薛羅] 부부 세 선교사가 제물포에 도착하면서 개신교 선교가 본격화되었다.

안동에 기독교가 처음 전해진 것은 1893년 5월 5일이다. 미국 북장로교 부산 선교부의 베어드William M. Baird[한국명 배위량裵偉良] 선교사가 앞으로 선교할 지역인 경상남북도 전체를 순례 탐방에 나섰던 것이다. 4월 17일 부산의 동래를 출발하여 밀양과 청도를 거쳐 22일 대구에 도착하여 며칠을 머물다가 동명 → 낙동 → 상주 → 용궁읍내 → 풍산 → 안동 → 영천 → 경주 → 울산을 거쳐 5월 20일에 부산으로 돌아갔다. 안동에 배위량 선교사가 도착한 것은 5월 5일이었다. 이 여정은 앞으로의 선교 활동을 위한 탐색에 중점을 두었기 때문에 전도에 큰 비중을 두지 않았지만 기독교를 소개하는 책자를 판매하기도 하였다. 배위량의 선교 일기에는 방문한 지방에서 경험한 간단한 기록을 남겼는데 안동에서는 '많은 책을 팔았다' 고 기록하고 있다.[1] 이 선교 탐방에서는 아직 기독교 신앙을 받아들인 사람이 나타나지 않았다.

안동 지역에 배위량 다음으로 방문한 선교사는 대구선교부 주재 선교사 아담스James E. Adams[한국명 안의와安義窩]이다. 1899년 대구에 대구선교부가 설치되면서 경상북도의 선교활동이 활발하게 전개되기 시작하였다. 안의와 선교사는 1902년 3월 경상북도 북부지역을 방문하였는데, 대구선교부의 1901~1902년의 보고서에는 다음과 같은 내용을 전해주고 있다.[2]

아담스 선교사

> 아담스는 봄에 이러한(개척을 위한) 여행을 두 번 다녀오고 세 번째 여행을 시작했다. 지난번 3월과 4월에는 이 선교기지에서 이제까지 가본 적이 없었던 경상북도 최북단 지방을 다녀왔다. 그는 9개 행정구역들을 방문하여 책을 팔고 시장들

1 Richard H. Baird, *William M. Baird of Korea: a profile*, 1968, 30~35쪽.
2 해리 로즈(최재건), 『미국 북장로교 한국 선교회사 VOLUME I』, 연세대학교 출판부, 2009, 337쪽.

에서 복음을 전했다. 그 일을 위해 한 달 이상을 소비했고, 약 1천 권의 책들을 팔았다. 우리는 이 지방에 두 명의 신앙고백자가 있다는 이야기를 들었는데, 한 명은 대구에서 우리를 두 번 찾아왔다. 이곳은 한국에서 알아주는 '양반'의 본산들 중 하나이다. 이 마을은 자긍심이 높고 주민들의 대다수는 야소교회가 있다는 말을 들어본 적이 없었다. 이러한 지방의 중심에 있는 안동은 크고 중요한 도회지이며, 우리가 이곳에 특별한 노력을 기울여야 할 것으로 기대된다.

안의와 선교사가 1902년 3월 한국인 조사助事 김기원과 함께 이 지역에서 전도할 때 국곡의 권수백과 지내의 홍재삼이 복음을 받아들이게 되었다. 안동지역의 최초의 교회는 권수백이 세운 일직면의 국곡교회이다. 앞의 보고에서 대구에 두 번이나 선교사를 찾아왔다는 사람은 홍재삼이다. 홍재삼은 이웃 사람이 안의와 선교사로부터 사서 전해준 쪽복음을 읽다가 궁금한 것이 많아서 더 많은 것을 알아보려고 대구 선교부를 직접 찾아가서 선교사를 만나 이야기를 듣고 더 많은 서적을 구해 오기도 하였다. 이렇다 할 교통편이 없는 당시로서는 대단한 열정과 간절함이 있었음을 짐작할 수 있게 한다.

안의와 다음으로 이 지역을 방문한 선교사는 배렛William M. Barrett[한국명 방위렴邦緯廉]이다. 방위렴 선교사는 1903년 봄 부루엔Henry M. Bruen[한국명 부해리傅海利] 선교사와 함께 이 지역을 찾아와서 안동의 시장을 방문하였고, 전에 대구 선교부를 찾아왔던 홍재삼을 만나기 위해 와룡의 지내동을 찾아갔다. 방위렴은 홍재삼의 집에서 주일을 보냈고, 홍재삼을 이 지역 최초의 학습교인으로 세웠다.[3] 학습교인이란 기독교 신앙을 받아들이기로 작정하고 신앙 교육을 받으며 세례를 준비하는 과정이라고 볼 수 있다.

3 안동교회 80년사 편찬위원회, 『안동교회80년사』, 기독교문화협회, 1989, 92쪽.

안동선교부 개설: 경북 북부지역 복음선교의 베이스 캠프

한국에 들어와 있는 미국 북장로교 선교회는 1908년에 안동선교부를 개설하기로 결정하였다. 미국 북장로교 선교회는 1908년을 안동선교부 개설을 위한 준비의 해로 정하고 파견된 선교사들이 거처할 선교사 임시주택을 구입하게 하였다. 대구에서 안동까지 거리가 멀기 때문에 보다 효율적인 선교활동을 위한 조치였다. 또한 경상북도 북부지역에 관해 1903년 선교사 연례모임에 보고된 것으로 7개 마을에 12명의 기독교인들이 있다고 보고되었는데, 1906년에는 교인수가 200명 이상으로, 1908년에는 1,000명 이상이 되었다[4]고 보고될 정도로 급격한 성장을 보이고 있었기 때문이었다.

안동 최초의 학습교인 홍재삼으로 추정 아담스 제공

4 해리 로즈(최재건), 앞의 책, 338쪽.

선교사 임시주택
오른쪽 검은 양복을 입은 별리추 선교사, 프리실라 에비 제공

안동선교부의 책임을 맡은 주재 선교사 소텔Chase C. Sawtell[한국명 사우대史佑大]과 부해리 선교사는 1908년 12월 1일 대구를 출발하여 안동에 도착, 선교기지로 사용할 대지 일부와 선교사 임시주택을 구입하였다. 다음 해인 1909년 안동선교부 개설이 확정되었다. 경상북도 북부지역의 복음전파를 위한 베이스 캠프인 안동선교부의 선교사들이 당장 거주할 선교사 임시주택의 위치는 지금의 안동교회 자리이다. 이후 한 세기가 지나는 동안 이 자리에서 많은 역사가 펼쳐졌다.

안동교회의 창립

안동교회는 1909년 8월 8일에 창립되었다. 안의와 선교사의 전도로 국곡교회가 세워진 이후 안동교회가 설립되기 전인 1908년까지 영주 봉화 영양 예천 등 경상북도 북부지역에는 40여 개 이상의 교회가 세워졌지만, 안동읍에는 아직 교회가 없었다. 1909년 즈음 안동에는 몇 명의 교인들이 생겨나기 시작했지만 안동에는 교회가 없어 영주 지곡교회에까지 예배드리러 다녔다. 이러한 상황을 파악한 안의와 선교사는 기독교 서적을 판매하는 기독서원을 안동에 열게 하고 선교활동에 활용하려고 하였다.

『안동교회80년사』에 "대구 주재 선교부가 기다리던 교인이 안동에 생겨나고 심지어 지곡까지 내왕하며 예배한다는 사실을 알고 안의와 목사가 내안하여 풍산교인 김병우金炳宇를 매서賣書(당시 복음서를 짊어지고 팔러다니는 사람)로 파송하여 서문 외에 있던 초가 5칸을 사들여 서원을 개점하고 교인들을 모아서 예배를 인도케 했다. 1909년 8월 둘째 주일, 처음으로 예배드린 감격스러운 이 날이 안동교회의 창립일이 되었다. 처음 예배드린 교인은 김병우 외에 강복영 · 원화순 · 원홍이 · 권중락 · 박끝인 · 정선희 · 김남홍 등이었다."라고 한다. 김병우는 1913년 안동교회 최초의 장로이자 경북 북부지역 최초의 장로가 된다.

기독서원

“서문 외”의 서문은 안동 읍성邑城의 서쪽 문을 말한다. 읍성이란 주로 조선시대 지방의 행정관청이 있는 고을에 축조되어 행정과 군사 기능을 하였는데 안동에도 읍성이 있었다. 현재 우리나라에서 원형이 잘 남아있는 곳은 낙안읍성, 고창읍성, 해미읍성 정도이다. 대부분 일제 강점기에 일본인들의 영향으로 헐려버렸다. 대구읍성도 1906~1907년경에 헐려버렸는데 동성로 · 서성로 · 남성로 · 북성로가 그 성벽이 있던 자리이다. 안동읍성도 일제 강점기에 철거되어 사라졌지만 그 흔적을 찾아 표지를 만들어 놓았는데, 동문표지는 콘텐츠진흥원 주차장 부근, 남문표지는 안동농협 중부지점 앞, 북문표지는 안동의료원 정문 건너편, 그리고 서문표지는 구시장 찜닭골목 입구 건너편 길가에 설치되어 있다. 지금도 동문동 · 남문동 · 북문시장 등의 이름에서 읍성의 존재와 출입하던 성문의 위치를 알려주고 있다. 기독서원의 위치는 현재 안동교회 건너편 버스 정류장이 있는 대석동 129번지다.

읍성 안에는 그 지방의 토착 세력가들이 자리를 잡고 있기에 처음 들어온 외국인 선교사들이 그 영역 안에 들어가서 자리를 잡기에는 아무래도 부담이 될 수밖에 없어, 읍성 바깥에 자리를 잡는 경우가 일반적이다. 대구 동산병원과 선교사 주택이 있는 위치도 대구 읍성의 서문 바깥에 자리를 잡은 것이다. 안동의 기독서원의 위치도 같은 경우이다. 안동선교부와 같은 공간에서 선교사들과 함께 하는 안동교회는 창립 이후 시간이 지나면서 점차 경북 북부지역의 중심 교회, “어머니 교회”로 성장해 갔다.

1913년 안동교회는 기독서원의 매서 김병우를 장로로 세웠는데, 이는 안동교회 최초의 장로임과 동시에 경북 북부지역 최초의 장로가 되었다. 장로가 세워지니 그전부터 교회를 담당하고 있던 김영옥 목사, 오월번 선교사와 함께 당회를 조직할 수 있었는데, 이 또한 안동교회 최초의 당회이면서 동시에 경북 북부지역 교회사의 최초의 당회가 되었다. 당회는 목사와 장로 양쪽이 다 갖추어져야 조직이 가능하다. 안동교회는 경북 북부지역 교회사에서 명실상부하게 교회의 조직이나 운영면에서 선도적인 역할을 감당해야만 하는 위치에 서게 되었다.

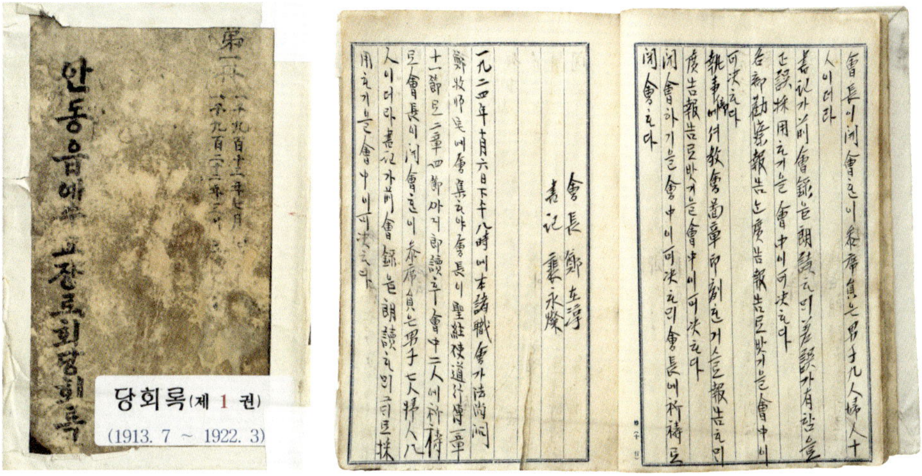

『안동교회 당회록』(1913)과 『제직회록』(1924) 사진: 류종승

안동 선교부 초기의 선교사들: 동사목사

대구선교부는 새로 개설될 안동선교부를 사우대와 부해리에게 맡겨 준비하도록 하였다. 이어서 원주에서 활동하던 웰본Arthur G. Welbon[한국명 오월번吳越藩] 선교사 부부와 의사 플레처Archibald G. Fletcher[한국명 별리추鷩离湫] 선교사, 조사 김영옥이 안동으로 오게 되었다. 이들 선교사들은 처음 안동교회에서 예배를 인도하였고, 조사 김영옥金泳玉이 평양신학교를 졸업하고 목사 안수를 받은 후 1911년 안동교회 초대 담임목사로 부임하면서 동사목사로 안동교회 성장에 지대한 영향을 끼쳤다. 동사목사同事牧師란 한국교회 초기에 한국인 목사를 돕기 위해 선교사가 함께 목회하면서 협력하는 선교사를 말한다.

사우대 선교사의 순교

사우대와 오월번이 안동선교부 개척을 위해 안동을 방문할 무렵 전국에 콜레라가 발병하고 있었다. 오월번이 안동을 첫 방문하는 1909년 10월 9일 오월번 선교사의 부인 새디 선교사가 후원자들에게 보내는 편지에는 "이때 콜레라가 발병했습니다. 몇 주 동안 서울 전역에 심각한 전염병이 돌았다"고 기록하고 있다.[5] 콜레라 때문에 선교사들의 회의나 예배, 선교부에서 운영하는 학교도 휴교를 할 정도였다. 당시에는 수시로 전염병이 돌기도 했다. 당시 선교사들에게 가장 큰 위험은 바로 풍토병이었다.

사우대와 오월번이 1909년 10월 안동을 출발하여 사우대는 북쪽으로, 오월번은 서쪽으로 선교활동을 떠나서 시골 지역의 여러 교인들의 모임을 방문하고 선교활동을 하였다. 이들이 열흘 정도 후에 다시 만났을 때 사우대는 장티푸스에 감염되어 고열 증세를 보였다. 사우대는 온종일 복음을 전했고, 자신의 체력이 소진되어 있었음에도 모임에 참여한 이들을 위해서 따뜻한 방을 내어주고 자신은 차가운 방에서 잠을 잤다. 면역력이 극도로 떨어져 있던 그날 밤 장티푸스에 감염되고 말았다.[6] 그는 치료를 위해 대구로 내려가면서도 선교회의 재정을 아끼기 위해 가마를 타지 않고 조랑말을 탔다. 고열의 사우대는 열두 번이나 말에서 떨어졌지만 대구까지 도착할 수 있었다. 동산병원에서 치료를 받았지만, 11월 16일 28세의 젊은 나이로 별세하였다.[7] 그는 안동선교부의 첫 순교자가 되었다. 그의 무덤은 대구 동산병원 경내의 "은혜 정원Garden of Mercy"에 있는데, 묘비에는 다음과 같은 글이 새겨져 있다.

---

5 프리실라 웰본 에비, 『안동 장로교 선교의 시작』, 에스더 재단, 2015, 22쪽.
6 프리실라 웰본 에비, 앞의 책, 40쪽.
7 해리 로즈(최재건), 앞의 책, 339~340쪽.

Greetings From An Dong, Korea

Temple Grounds and Pagoda, East of An Dong

JANUARY						
Sun.	Mon.	Tues.	Wed.	Thur.	Fri.	Sat.
1	2	3	4	5	6	7
8	9	10	11	12	13	14
15	16	17	18	19	20	21
22	23	24	25	26	27	28
29	30	31				

1911

FEBRUARY						
Sun.	Mon.	Tues.	Wed.	Thur.	Fri.	Sat.
			1	2	3	4
5	6	7	8	9	10	11
12	13	14	15	16	17	18
19	20	21	22	23	24	25
26	27	28				

PRAY FOR THE WORK AT AN DONG

안동의 선교사들이 제작하여 후원자들에게 보낸 1911년 선교 달력
사진은 안동 법흥사지 7층전탑, 프리실라 에비 제공

사우대 묘비 사진: 류종승

> 체이스 크랜포드 소텔
>
> 1881년 1월 9일 출생
>
> 1909년 11월 16일 별세
>
> 나는 그들(조선인들)을 사랑하겠노라

결혼한 지 2년 만에 남편을 잃은 부인 캐더린Katharine M. McClung은 한국을 떠났다. 그녀는 귀국하기 전 미국에서 제작한 풍금을 안동교회에 기증했는데, 이 풍금은 안동지역에 교회음악이 시작되는 계기가 되었다.

오월번과 새디 선교사 부부

오월번은 1866년 미국 미시건주에서 태어나 미국 북장로교 선교사로 1900년

10월 한국에 파송되었다. 다음 해 사라 누스Sarah Harvey Nourse 선교사와 결혼했다. 이후 사라는 새디Sadie로 불리었다. 1899년, 27세의 나이로 내한한 새디는 1899년 설립된 대구 동산병원에서 의료 선교사를 돕고 있었다. 오월번과 새디의 결혼식은 서울에서 있었는데, 당시 대구에 있던 새디는 결혼식 날짜를 맞추기 위해 육로를 포기하고, 낙동강을 따라 배로 부산으로 이동한 후 부산에서 제물포로 가서 다시 경인선 기차를 타고 밤 9시 무렵에 서울에 도착했다고 한다. 당시는 아직 경부선 열차가 없었다. 예정된 결혼식 시간을 훨씬 넘기긴 했지만 그날 결혼식을 마칠 수 있었다. 당시 귀한 작물인 양파를 선물로 원했던 신랑을 위해 새디는 부산에서 양파를 구해 가지고 갔고, 신랑은 신부에게 쿠션을 선물로 준비했다고 한다.[8]

오월번은 평양, 서울, 황해도, 경기 북부, 강원도 등 여러 곳에서 선교활동을 하고 있었다. 당시 우리 나라에는 여러 교파의 선교사들이 들어와 활동하다 보니 동일한 지역에서 서로 겹쳐서 활동하는 경우가 많이 발생하자, 선교지 중복을 막고 효율적인 선교를 위해 "선교지 분할협정"을 체결하게 되었다. 원주에서 활동하던 오월번 선교사는 원주가 감리교 구역이 되자, 1909년 가을 신설이 확정된 안동 선교부로 임명을 받았다. 안동에 도착한 오월번은 봉화, 순흥, 풍기, 예천, 문경, 함창, 상주 북편, 영주 등 안동의 서북지역을 담당하게 되었다. 이후 사역지의 변동이 있기는 했지만 험한 산골과 오지를 다녔고, 어떤 때는 하루 수십 킬로미터를 다니며 복음을 전하기도 하였다.

특히 오월번은 건축에 능력이 있어 안동 선교부를 위한 선교 부지 마련과 선교사들이 안정적으로 생활할 수 있는 선교사 사택 건축에 지대한 역할을 했다. 1910년 가을부터 공사를 시작하여 현재의 경안고등학교 부근 금곡동에 4채의 선교사 사택이 건축되었는데, 현재는 남아있지 않다.

8 안동교회역사위원회, 『안동교회111년사』 Vol.01, 킹덤북스, 2022, 112쪽.

오른쪽 말 위의 오월번과 왼쪽 말 위의 사우대 선교사
왼쪽의 김영옥 조사, 양화진문화원 제공

오월번과 새디 선교사 부부
프리실라 에비 제공

오월번 선교사의 부인 새디 선교사는 1910년 6월에 자녀들을 데리고 안동으로 이사를 왔다. 그녀는 선교 일기를 남겼는데 당시의 선교활동과 안동의 여러 정황을 짐작해 볼 수 있는 매우 소중한 사료이다. 안동에서의 삶이 얼마나 어렵고 힘든 생활이었는지 짐작하게 하는 많은 기록이 있다. 선교사 임시주택에는 조리할 스토브도 없고 화로에 넣을 숯도 없어 아궁이에 소나무 장작을 피워 요리를 했고, 방에 불을 때면 연기가 방에 가득했으며, 지붕에 비가 새서 밤새 한 잠도 못 잘 때도 있었다. 이처럼 열악한 상황에서도 남편 오월번의 든든한 조력자였다. 남녀가 유별했던 당시 안동으로 이사온 지 2주도 안되어서 여성 성경공부반을 열어 많은 여성들에게 성경을 가르치기 시작하였다. 자신의 사택을 여성들의 성경공부 공간으로 개방하였다.[9]

1916년 오월번 가족은 안동을 떠나 평양 선교부로 부임했는데, 새디는 그 동안의 출산과 과로로 건강이 약해져 1919년 미국으로 귀국할 때 오월번도 동행하였다. 새디가 회복의 기미를 보이자 1921년 오월번은 사명을 완수하기 위해 선교지로 복귀하였다. 홀로 남겨진 새디는 외롭게 투병하다가 1925년 53세로 하늘나라로 갔다. 오월번은 부인의 장례식에도 참석하지 못했다. 귀임한 오월번은 대구에서 활동하다가 1924년 1월 다시 안동 선교부로 부임하여 여러 교회와 교인들을 돌보다가 1928년 장티푸스에 걸려 62세의 나이로 하늘나라로 갔다. 그는 한국을 너무 사랑해 이 땅에 묻히기를 원해, 1903년 출생 후 세상을 떠난 장남 토마스와 2살 난 막내딸 앨리스와 함께 양화진 외국인선교사묘원에 묻혀있다.

권찬영 선교사 부부

크로더스John Young Crothers[한국명 권찬영權燦永] 선교사는 1881년 미국에서 태어나 프린스톤 신학교를 졸업하고 28세의 나이에 미국 북장로교 선교부로부

9 프리실라 웰본 에비, 앞의 책, 91~106쪽.

권찬영 선교사 부부 1941년 추방되기 직전 환갑 기념

터 한국으로 파송 받았다. 1909년 9월 한국에 도착한 그는 대구 선교부로 부임하였는데, 두 달 후 사우대 선교사가 별세하자 그 후임으로 1910년 1월 안동 선교부로 부임하였다. 미혼이었던 그는 1911년 사우대 선교사의 처제 엘라Ella Mary McClung[한국명 권애라權愛羅]와 결혼하여 가정을 이루고, 1941년 일제에 의해 추방될 때까지 안동에서만 활동하였다.

선교사들은 대부분 한국인들에게 더 가까워지고, 더 친밀해지기 위해서 이 땅에 들어오면서 한국 이름을 지어서 활동하였다. 권찬영 선교사도 안동에 오기 전 "구찬영"이라는 한국 이름을 지었다고 한다. 그는 "크로더스"의 'ㅋ' 발음이 "구具"에 가깝다는 것과 "존 영"은 "찬영"으로 본명의 발음과 비슷하다고 생각해서 지은 것으로 보인다. 그런데 안동에 와 보니 구 씨는 별로 없고 권 씨가 많아 권 씨로 바꾸었다고 한다. 성을 바꾸어서라도 지역 정서에 맞추는 것이 지역사람들의 마음에 더 가까이 다가가는 데 도움이 되리라 기대했을 것이다. 그는 "미스터 안동"이라는 별명으로 불리웠을 정도로 안동에 관심과 애정을 갖고 있었다. 한국말과 한문을 해득하여 유창하게 구사하였고 우리 문화를 잘 이해하였으며 적극적인 성격에 매우 활동적인 데다가 재담에도 능하여 안동사람들로부터 인기가 좋았다고 한다. 그는 안동 부임 이후 안동의 동부지역인 예안 · 청송 · 영양 · 영덕 지역 산간오지를 집중적으로 순회하며 많은 교회와 교인들을 돌보고 복음을 전하여 자신에게 맡겨진 사명을 감당하기 위해 최선을 다했다.

권찬영 선교사는 인재양성에도 힘써 1911년 초등교육기관인 계명학교를 설립하였다. 여학생만 입학하는 경북 북부지역 최초의 여학교이다. 을사늑약으로 나라의 운명이 기울기 시작할 무렵부터 시작된 애국계몽운동이 대세를 이루어 전국에 많은 학교들이 설립되면서 이 지역에도 근대학교가 설립되고 있었지만, 모두 남학생들의 학교였다. 유교적 전통의 영향이 강하게 지배하던 안동 지역 사회에서 공부를 하고 사회 활동을 하는 것은 남성의 영역으로 당연시되던 시대였다. 이러한 시대적, 지역적 한계를 넘어서서 권찬영 선교사는 소외된 여학생들에게 공부할 수 있는 기회를 마련해 주었다. 피아노를 전공한 부인 권애라 선교

1910년경 안동시 평화동 3층석탑과 선교사 자녀들 프리실라 에비 제공

사는 음악에 관심이 많은 8살 권태호의 특별한 음악적 재능을 발굴하여 당대 최고의 음악가 중 한 사람으로 성장하도록 기초를 마련해 주었다.

권찬영은 일제 말기에 세계평화기도문 사건에 연루되어 강제 추방을 당했지만 해방이 되자 다시 한국으로 돌아와 선교사업에 노력하였다. 한국전쟁으로 잠시 일본으로 피난하여서 도쿄 근교의 카루이자와[軽井沢] 외국인학교 교장으로 있으면서 부인과 함께 선교사들에게 한국어를 가르쳤다. 1952년 정년이 되어 은퇴, 귀국하였다.[10]

위의 세 명의 선교사 외에도 많은 선교사들이 안동에서 안동교회와 함께 지역을 섬기기 위해 헌신하였다.

안동의 선교사 묘역

서울 양화진에 외국인 묘지가 있는 것처럼 대구 동산병원과 선교사 주택이 있는 곳에 "은혜 정원Garden of Mercy"이라는 선교사 무덤이 있다. 안동에도 선교사와 가족들의 무덤이 있다. 경안고등학교 교정에는 3기의 무덤이 있다. 그 가운데 하나가 로저 얼 윈Rodger E. Winn[한국명 인노절印魯節] 선교사의 무덤이다. 인노절 선교사는 1882년 미국 일리노이 게일즈버그에서 출생하여 멕코믹 신학교를 졸업하고 1909년 미 북장로교 선교사로 부산에 도착했다. 부산과 경남지역의 여러 교회에서 사역하다가 부산과 경남지역이 호주장로교 선교부로 이양되면서 대구 선교부를 거쳐 1914년 안동 선교부로 부임하였다. 안동 선교부에는 오월번 선교사와 권찬영 선교사가 이미 사역하고 있어, 이들과 함께 많은 교회와 교인들을 돌보며 전도활동에 노력하였다. 그는 안동교회에서 초대 담임목사인 김영옥 목사 시무 시대인 1918년 12월부터 1920년 8월 사이에 동사목사로 시무하였다. 당

10 안동교회역사위원회, 앞의 책 Vol.01, 123~131쪽.

시 안동교회가 주도한 안동 3·1만세운동 때문에 많은 어려움을 겪었으리라 짐작된다.

인노절 선교사에 의해 설립된 안동성경학교는 경북 북부지역의 유일한 성경학교이다. 인노절 선교사는 특별히 성경교육에 관심이 많았다. 이전부터 운영되어 오던 여자 성경공부반을 보다 체계적으로 교육할 수 있는 성경학교의 설립을 위해 많은 노력을 기울였고, 마침내 1920년 권찬영 선교사와 함께 남녀가 공부할 수 있는 정규적인 성경학교를 설립하였다. 남자성경학교는 인노절 선교사가 교장을 맡고 여자성경학교는 핸선Miss. Marjorie L. Hanson[한국명 한선韓善] 여선교사가 교장으로 많은 조사와 전도인을 양성하였다.

그런데 인노절 선교사는 안타깝게도 1922년 11월 22일 풍토병인 이질로 하늘나라로 갔다. 정규 성경학교를 설립하고 체계적인 교육에 열정을 쏟아붓다가, 첫 졸업생을 배출하기도 전에 세상을 떠난 것이다. 경안지역 일대에는 그를 추모하는 사업으로 성경학교 건축기금 모금운동을 하였고, 미국으로 건너간 인노절 선교사의 부인 캐더린Catherine L. Winn 선교사도 미국교회와 친지들로부터 모금한 돈을 안동으로 갖고 와 성경학교를 건축하게 되었다. 1925년 완공된 이 학교의 이름을 인노절기념성경학교Roger Earl Winn Memorial Bible Institute로 명명하였다. 이 학교는 일제 말기에 폐교되기도 하였지만 해방 이후 1946년 이원영 목사가 경안고등성경학교로 재건하여 많은 인재를 배출하였다. 이후 경안신학원으로, 다시 경안신학대학원대학교로 발전하여 오늘에 이르고 있다.

경안고등학교 정문 바로 왼편에 위치한 선교사 무덤은 인노절 선교사와 두 명의 어린 선교사 자녀의 무덤이다. 앞에서 바라보면 왼편이 인노절 선교사 무덤이다. 가운데는 앤더슨Wallace Jay Anderson[한국명 안대선安大善] 선교사의 딸 도로시Dorothy의 무덤이다. 도로시는 1919년 6월에 태어나 7개월 후에 하늘나라로 갔다. 오른편 무덤에는 보켈Herold Voelkel[한국명 옥호열玉縞烈] 선교사의 아들 윌리엄William이 묻혀있다. 윌리엄은 1932년 3월에 출생하여 2살 나이에 하늘나라로 갔다. 인노절 선교사는 부산에서 사역하던 1913년 자신의 첫 딸 헬렌Helen M.

안동 선교사 묘역 사진: 류종승

Winn을 태어난 지 10일 만에 잃었다. 병에 걸린 헬렌은 대구 동산병원으로 옮겼지만 결국 회복하지 못하고, 사우대 선교사가 잠들어 있는 "은혜 정원"에 묻혀있다. 오월번 선교사도 1928년 장티푸스로 세상을 떠났다. 자신보다 먼저 하늘나라로 간 갓난아기 장남 토마스와 2살 때 희생된 막내딸 앨리스와 함께 양화진 외국인선교사묘원에 묻혀있다. 그는 부인의 장례식에도 참석하지 못했다. 이처럼 자신과 가족들을 헌신적으로 희생한 선교사들의 수많은 사연은 이 나라 곳곳에서 찾아볼 수 있다.

이들 선교사들은 열악한 환경과 여러 가지 위험이 산재해 있던 이 땅에 왜 찾아왔을까? 무엇이 그들로 하여금 이 모든 어려움에도 불구하고 자신들의 안락한 보금자리를 뒤로 하고 낯선 이곳으로 달려오게 하였을까?

그들의 신앙고백에서 짐작해볼 수 있을 것이다. 기독교인은 예수님을 자신의 구원자, 즉 그리스도로 믿는다. 모든 인간은 인간이 갖고 있는 근본적인 죄성罪性 때문에 생명의 구원에 이를 수 없고, 죄의 대가는 결국 죽음에 이르는 길뿐이다. 그런데 죽을 수밖에 없는 우리 인간을 구원하기 위해서, 아무 죄 없는 예수님이 우리를 대신해 십자가에 죽으심으로 우리의 죄값을 대신 지불했다는 것이다. 그것은 하나님께서 우리를 사랑하시기 때문이다. 우리 각자 한 사람 한 사람은 그러한 사실을 믿음으로 나의 것으로 받아들이고, 그것을 나의 입술로 고백하는 것이 신앙고백이다. 고백한다는 것은 그대로 실천하겠다는 것이다. 하나님의 그 사랑이 너무나 고맙고 감격스럽지만, 갚을 길이 없다. 그래서 "네 이웃을 네 자신과 같이 사랑하라"는 말씀과 "땅 끝까지 이르러 내 증인이 돼라"는 예수님의 말씀을 따르는 것이 조금이나마 그 사랑에 보답하는 길인 것이다. 그들에게 이웃은 조선 사람이었고, 땅끝은 바로 한반도였고 안동 땅이었던 것이다.

계명학교:
안동 최초의 여학교

한국에 온 초기 선교사들은 선교의 방편으로 병원과 학교를 설립하였는데 안동의 경우도 마찬가지로 학교와 병원을 시작하였다. 애국계몽운동의 영향으로 1907년 전후부터 안동지역에도 본격적으로 학교가 설립되어 근대적 교육이 시작되었다. 하지만 여성들에게는 교육의 기회는 쉽게 주어지지 않았다. 오백년의 유교적 전통은 학교에서 공부를 하고 사회 활동을 하는 것은 남성의 전유물로 생각하는 것이 상식이었다.

이러한 안동에 안동교회는 권찬영 선교사의 도움으로 1911년 6월 초등교육기관인 계명학교를 설립하여 여학생만 입학을 허용하였다. 하나님 앞에서는 남자도 여자도 똑같은 한 생명이고 한 인격이기 때문에 기독교 정신이 그러한 발상을 가능하게 했던 것이다. 학제는 처음 3년제로 개교하였으나 중간에 4년제로, 5년제로 확장하기도 했지만 어려운 재정 형편으로 인해 다시 축소하기도 하였다. 더 많은 학생을 입학시키기 위해 정규학급 이외에 "무반"이라는 이름으로 별개의 반을 편성하여 한글 및 학교 적응을 위한 교육 후 취학연령이 되면 정식 입학을 허가하도록 하였다. 시간이 지나 여분 교실이 확보되면서 남학생도 입학을 허용했지만 여학교라는 기조는 유지된 것으로 보인다. 형편이 어렵거나 백정의 자식

1932년 계명학교 졸업 기념

처럼 신분의 문제로 어려움이 있는 학생들을 입학시킨 사례에서 그 설립 정신을 다시 확인할 수 있다. 1920년대까지의 재학생수는 30~40명 정도였다. 교과 내용은 조선어 · 일어 · 산수 · 성경 · 한문 · 습자 · 도화 · 받아쓰기 · 작문 · 음악 등이었다.[1]

학교 건물은 오월번 선교사가 사용하던 신세동에 위치한 목조 가옥을 사용하

1 안동교회80년사 편찬위원회, 앞의 책, 155~158쪽.

다가 금곡동에 신축 교사를 건축하여 사용하였고, 현 안동교회 위치에 있던 선교사 임시주택과 지금의 안동교회 본당 자리에 있던 "ㅁ"자 형태의 건물을 교실로 사용하여 교육활동을 하였다.

교직원으로는 설립자인 권찬영이 가장 오래 교장을 역임하였고, 한선 선교사와 권애라 선교사가 번갈아 가면서 교장에 취임하였다. 설립 당시 교사는 이중희 장로와 대구 신명학교 출신인 임성례가 담당하였다. 이중희 장로는 안동 3 · 1운동으로 일제 경찰의 고문으로 별세하였다. 안동 3 · 1운동 시 김정숙 · 김병규 · 이권애 등 지도교사와 계명학교 학생 30여 명이 독립선언서를 등사하고 태극기를 만들기도 하였다.

계명학교가 초등교육기관으로 자리를 잡아갈 무렵 본 교회는 중등교육기관의 설립 필요성을 인식하고 본격적인 논의가 이루어졌다. 선교부의 방침에 따라 초등교육기관은 당회, 즉 안동교회에서 운영을 맡고, 중등교육기관은 노회에서 운영을 담당하기로 한 정책에 따라 1924년 중등교육기관인 경안중학원이 설립되었다. 설립 준비 과정부터 부족한 재원의 충당을 위해 특별헌금 등의 사용과 안동교회에 계명학교 교실의 사용을 청원하는 내용으로 보아 운영책임은 경안노회에 있다고 하더라도 실질적인 운영은 본 교회가 감당하였다고 볼 수 있다. 야심차게 준비한 경안중학원은 재정적 부담을 감당하지 못하고 2년 만에 폐교되었다. 계명학교는 1936년까지 지속된 것으로 보인다.

안동 3 · 1운동을 모의 · 실행한 교회

1905년 11월 을사늑약은 대한제국이 회생불능 상태에 놓여 있음을 의미하였다. 외교권이 박탈됨으로서 우리 민족은 이른바 일본의 "보호국"의 나락으로 떨어져 국제사회에서 우리의 운명이 일본의 손아귀에 맡겨져 버렸고, 일본인 통감이 이 나라의 정치에 직접 간섭을 본격화하게 되었다. 기울어져 가는 나라를 지키려고 어떤 이들은 무기를 들었고, 민중을 계몽하여 그들의 각성된 힘으로 국권을 지키려는 애국계몽운동이 들불처럼 일어났지만 우리 민족은 1910년 8월 29일 일본제국주의의 식민지로 전락하고 말았다. 이후 10년은 교사도 제복을 착용하고 칼을 찰 정도로 가혹한 무단통치로 우리 민족을 짓눌렀지만 우리 민족은 3 · 1운동으로 분연히 떨쳐 일어났다. 3 · 1운동은 우리 나라 헌법전문 맨 앞에 언급될 정도로 우리 민족사에 대단히 중요한 영향을 끼친 위대한 사건이다.

안동의 3 · 1운동은 두 갈래로 준비되고 있었다. 첫 번째 인물은 당시 「세브란스연합의학전문학교」 재학생이던 김재명金在明이다. 그는 서울에서 일어나고 있는 3 · 1운동 소식과 독립선언서를 안동교회 장로인 아버지 김병우 장로에게 전하였다. 김병우 장로는 김영옥 목사와 교회의 지도자들과 청년들과 함께 안동에서도 만세시위를 하기로 논의하였다. 두 번째 인물은 당시 동경 유학생으로 2

· 8독립선언에 참가하였던 강대극姜大極이 귀국해 고향인 안동으로 돌아와서 안동군청 서기 김원진金元鎭과 접촉하면서 시작되었다. 김원진은 경성사범학교를 졸업한 인물로 평소 민족문제에 관심이 많았다. 두 사람은 의기투합하여 은밀히 안동교회를 찾아와 김영옥 목사와 이중희 장로 등 교회 지도자들과 만나 만세운동에 관해 심도 있는 논의를 하였다.

일제의 가혹한 탄압과 감시가 삼엄한 무단통치 시기에 강대극과 김원진이 만세운동의 논의를 위해 안동교회를 찾아왔다는 것은 당시 안동교회의 목사와 장로 등 교회의 구성 인사들이 평소 민족의식이 투철하고 이러한 논의를 할 수 있을 만큼 높은 신뢰도를 보여 주고 있었음을 충분히 짐작할 수 있다. 안동교회 담임목사인 김영옥 목사와 이중희 장로 등 교회 지도급 인사와 강대극 · 김원진 등은 만세운동의 날짜를 장날인 3월 13일로 정하고 준비하였다.

1차 만세시위: 안동교회 종소리가 거사 신호

두 경로를 통해 전달된 3 · 1운동에 대한 정보는 안동면의 만세운동을 계획하던 지도부에게 영향을 주었고, 안동면의 만세시위 날짜를 장날인 3월 13일(음력 2월 12일)로 결정하고 시위 시작 신호와 동원 계획 등 세밀한 계획까지 수립하였다.

강대극은 안동군 북후면 옹천 소재 자신의 집에서 태극기와 격문을 만들었고, 김원진은 3월 11일 안동수비대 청사의 인부들 40~50여 명을 설득하여 안동교회 종소리를 신호로 시위에 합세하기로 약속을 받기도 하였다. 모의에 가담한 안동교회의 교인들은 김영옥 목사와 김병우 · 이중희 · 김익현 · 황인규 · 김계한 · 권점필 · 김재성 · 이인홍과 여성 지도자 김정숙 · 김병규 · 이권애 등 교회의 지도자들이었으며, 청년들도 동참하여 은밀하게 안동 만세운동의 모의가 진행되었다.

그런데 안동의 만세운동은 일제 경찰에 의해 실행을 하루 앞두고 좌절하게 된다. 김영옥 목사 · 이중희 장로 · 강대극 · 김원진 등 주역 4인이 거사 하루 전인 3월 12일 예비검속됨으로써 좌절되었다. 그러나 상해 임시정부의 초대 국무령으로 추대되는 석주 이상룡 선생의 친동생인 이상동李相東 조사가 3월 13일 혼자서 만세를 부르다가 일본 경찰에 체포되어 구속되었다. 이상동 조사는 영덕 원전교회에서 장로로 선택된 기독교인이었다. 이상동은 안동교회에서 모여 모의한 사람들과는 전혀 무관하게 독자적으로 계획하고 실행에 옮긴 것이다. 그는 혼자서 3월 13일 오후 5시 반 경에 태극기를 모방한 종이 연을 손수 만들어 거기에 "대한독립만세"라고 쓰고 지금의 신한은행 앞에서 동쪽 삼산동 우체국 방향으로 달리면서 대한독립만세를 외쳤다. 체포되어 압송되는 자동차 위에서도 만세를 불렀다.

이상동 조사는 만주에서 독립운동을 주도하고 있는 석주 이상룡 선생의 가족으로 여러 형태로 독립운동의 소식과 국내외의 정보를 접하는데 유리하였고, 그러한 경로를 통해 입수한 정보를 바탕으로 독자적으로 만세시위를 계획하였던 것이다. 이상동의 만세시위는 안동교회를 중심으로 만세운동을 모의하던 주역 4인의 체포 · 구금으로 위축되었던, 남아있는 지도자들에게 용기를 북돋우어 주는 기폭제 역할이 되었다.

2차 만세시위

지도자 4인의 예비검속으로 위축되었던 안동의 만세시위 계획은 검거되지 않은 이들에 의해 다시 추진되었다. 체포된 4인 누구도 모의와 관련된 내용을 일체 일제 경찰에 발설하지 않고 비밀을 지켰음이 분명하다. 만약 모의한 내용을 조금이라도 발설했다면 남아있던 교회 지도자들이 모두 구금되었을 것임이 분명하기 때문이다. 안동 읍내에 유일한 교회였던 안동교회 교인들 가운데 예비검속을

氏　　名	年齡	年 12 月 7 日生	指紋番號
金炳宇	身長	5 尺 7 寸 9 分	No. 78807
	特徵		

김병우 장로의 신원카드 국사편찬위원회 한국근대사료DB

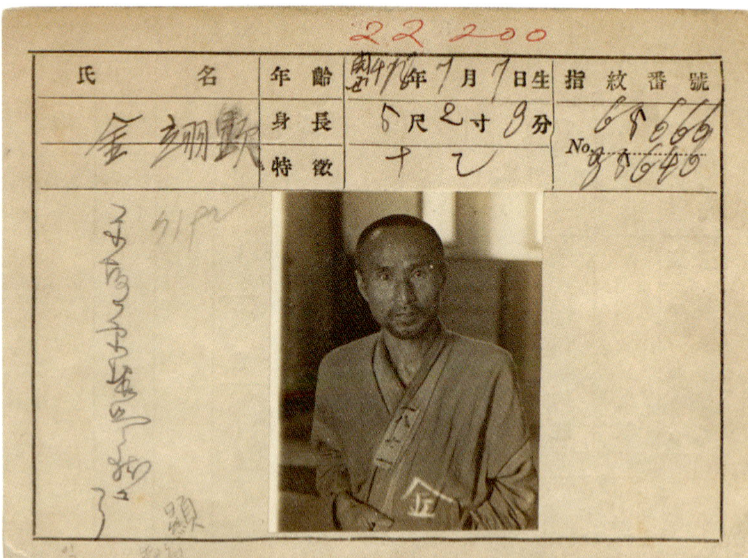

氏　　名	年齡	年 7 月 7 日生	指紋番號
金翊顯	身長	5 尺 2 寸 8 分	No.
	特徵		

김익현 조사의 신원카드 국사편찬위원회 한국근대사료DB

면한 김병우 · 김익현 · 황인규 · 김계한 · 권점필 · 김재성 · 이인홍 등이 다시 만세시위를 서두르기로 하고 다음 장날인 3월 18일(음력 2월 17일) 거사하기로 결의하였다. 안동교회 여성지도자 김정숙 · 김병규 · 이권애 등은 계명학교 여학생 30여 명과 함께 현재의 안동교회 터에 있던 선교사 임시주택 건물에서 독립선언서 등사와 태극기를 만들어 만세시위에 참가할 준비를 하였다. 당시 협동학교 재학중이던 이인홍은 동료 학생 30여 명을 동원하여 만세운동에 참가하기 위해 시내의 어느 여관에 잠입시켰다가 경찰에 적발되어 강제 해산되기도 하였다.

『안동교회80년사』에 의하면 약속된 3월 18일(음력 2월 17일) 장날 낮 12시 경 안동교회 교인 30여 명에 의해 만세시위가 시작되었다. 사람들이 많이 모이는 장터에서 만세를 부르기로 미리 계획하였고, 약속된 시간이 임박하자 약속된 인사들이 지정된 장소로 모여들기 시작하였다. 김병우 장로와 김익현 조사가 함께 약속된 장소로 갔는데 만나기로 한 다른 무리를 만나지를 못했다. 만세를 부르기로 약속된 시간이 임박하자 김병우와 김익현 두 사람은 삼산동 곡물전 앞(현 신한은행 부근)에서 독자적으로 만세를 외치기 시작하자 그 만세 소리를 듣고 멀리 떨어져 있던 안동교회 교인들도 온 힘을 다해 만세를 따라 부르게 되었고, 장날에 와 있던 장꾼들도 합세하면서 대규모 만세운동이 되었다. 이들은 태극기와 "대한독립만세"라고 쓴 깃발을 들고 남문통과 북문통을 오르내리면서 시위를 벌이고 있을 때, 동쪽의 동문통으로부터 내려오던 다른 시위대와 합세하였다. 이들은 송기식을 비롯한 류동봉 · 송장식 · 송홍식 등 유림이 주도하는 시위대였다. 이들은 기독교인들과 장터에 모인 장꾼들과 합세하면서 대규모 만세시위로 발전하였던 것이다. 송기식은 안동 만세시위의 계획 단계에서 김병우 · 김원진 등과 함께 논의하고 지인들을 동원하고 태극기와 격문을 만들어 배부하기도 하였다. 이때 일제 경찰에 의해 주동자로 보이는 14명이 체포되었다. 시위군중들은 일단 해산하였다.

이날 오후 6시경 안동교회 교인 60여 명이 구속자 석방을 요구하며 다시 시위운동을 전개하였다. 밤이 되면서 시위 군중들이 더욱 모여들어 19일 0시 50분경에는 2,500여 명으로 증가하였다. 당시 안동면 인구가 5,502명이었다는 사실에 비추어 볼 때 성인 대부분이 참가하였음을 짐작할 수 있다.[1] 시위대는 일제의 통치기관인 군청과 경찰서, 안동 법원지청 등에 몰려가서 구속자 석방을 요구하며 돌을 던지기도 하였다. 일제 경찰은 칼을 휘두르고 수비대는 실탄을 발사하였고, 시위대는 해산되었다. 이날 다시 17명이 체포되었다.[2]

3차 만세시위

안동의 3차 만세시위는 3월 23일(음력 2월 22일) 장날에 전개되었다. 그날은 마침 일요일이었다. 많은 지역 주민들이 이날 아침부터 교회 주변에 모여와서 안동교회 교인들이 다시 만세운동을 선도해 줄 것을 기다리며 온종일 대기했다고 한다. 그러나 주일에는 교회에서 예배를 드리기 때문에 교인들이 낮 시간에는 시위에 나설 수 없었다. 예배를 마치고 귀가할 때 권찬영 선교사의 염려에 따라 교인들이 즉시 귀가하였다. 이 일로 교회가 일제 경찰의 집중적인 공격의 대상이 될 것이 자명해 보이는 선교사로서의 염려 때문이었다.

이날 시위는 오후 7시 30분 무렵 시작되었다. 안동교회 지도자들과 유림 계열에 의해 주도된 2차 만세시위와는 달리 3월 23일의 3차 시위는 안동면과 주변 지역 주민들이 주축이 된 군민 전체가 참가하는 양상으로 나타났다. 3월 18일 2차 만세시위 이후 임동 · 임하 · 길안 · 일직 등 주변의 여러 지역에서도 잇따라 만세시위가 있었고, 여기에 참가하였던 많은 사람들이 새로운 변화를 기대하며 시위를 이어가고 있었던 것이다. 시위가 시작되자 일제의 통치기관인 경찰서 등의 주변 여러 곳에 대기하던 3천여 명의 군중들이 몰려들었다. 이들은 "경찰서와 법원 안동지청을 파괴하고 구금된 자를 구출하자"는 구호를 외치며 밀고 들어갔다.

1 김원석, 「안동의 3 · 1운동」, 안동대학교 대학원 석사학위논문, 1994, 26~27쪽.
2 안동독립운동기념관, 『국역 고등경찰요사』, 2009, 72쪽.

수비대의 무차별 실탄 발사로 30여 명이 죽고 50여 명이 부상을 당했다. 군중들은 북서쪽 산 위로 철수하여 만세를 부르고 해산하였는데, 다음날인 24일 새벽 4시경이었다.[3]

3차 시위는 주도세력이 없이 주민들의 자발적으로 이루어진 것으로 보인다. 이날 시위에 안동교회 교인들이 얼마나 참가했는지는 정확히 파악하기는 어렵다. 교인들은 선교사의 권유로 예배를 마치고 일단 귀가한 것으로 보인다. 그러나 2차 시위 때처럼 교회가 조직적으로 참가하지는 않았지만 개인적으로 참가한 교인들은 적지 않았을 것으로 짐작할 수 있다. 3월 23일 조홍로는 일본군과 경찰이 발포하는 중에 일본인 거류민 자경단원들이 흉기로 공격하여 왼팔이 골절되어 평생을 불편하게 지냈다고 하고, 조춘백은 목성동 다리에서 체포되었다고 한다.

3 · 1만세운동으로 옥고를 치른 안동교회 교인은 김병우 장로 2년, 김익현 1년, 김재성 · 김계한 · 이인홍 · 황인규 · 권점필은 각각 6개월씩 복역하였다. 예비검속으로 체포되었던 이중희 장로는 구금되어 있는 동안 일제의 가혹한 고문으로 인해 석방된 지 일주일만인 4월 18일 별세하였다. 손자 이인홍은 6개월 복역하느라 할아버지 장례에도 참석하지 못했다. 김병우 장로와 둘째 아들 김재성은 부자가 함께 복역하였다.

안동의 만세운동을 경험하면서 지역 주민들은 기독교에 대한 새로운 인식과 기대를 갖게 되었다. 안동지역에 기독교인이 생겨난 후 20여 년, 안동면에 교회가 설립된 지 10년 만에 교회가 3 · 1만세운동을 주도하였다. 유림의 고장에서 유림의 지도력이 약화된 상황에 이 땅에 들어온 지 얼마 되지 않은 기독교가 민족의 시련과 고통을 끌어안고 독립운동에 앞장섬으로써 이 지역 주민들의 기독교를 보는 시각이 크게 달라졌고, 기대도 커졌을 것임이 분명하다. 이러한 영향은 지역의 많은 지도급 인사들이 복음을 받아들이는 것에서도 알 수 있다.[4]

3 김원석, 앞의 책, 27쪽.
4 안동교회역사위원회, 앞의 책 Vol.02, 292~299쪽.

근대 문화 수용에 앞장선 교회

기독서원: 안동 최초의 근대 서점

기독서원이 언제 시작되었는지는 정확히 알 수는 없다. 안동 선교부를 개설하기로 한 1908년 12월 경, 안의와 선교사가 사우대 선교사와 부해리 선교사를 안동으로 보내 선교기지로 사용할 부지와 선교사 임시주택을 구입할 시점 그 전후에 초가 5칸을 구입하여 서점을 개설했을 가능성이 크다고 생각된다. 안동에 선교부 설립을 준비하면서 서점을 먼저 개점했다는 것은 안동 지역의 성향 분석에 근거를 두고 시작했을 가능성이 크다. 1893년 안동에 처음 발을 들여놓았던 배위량 선교사는 그의 선교일기에 "책을 많이 팔았다"는 기록을 남겼다. 배위량은 다른 곳과는 달리 안동에서 너무나 많은 책이 팔려서 이 지방 관리에게 인구가 얼마나 되는지를 물어보았다고 한다. 1914년 경상노회록에는 불과 수개월 만에 복음 1만 권을 팔았다는 기록이 있다. 또한 책을 구입하여 전하고자 하는 간절한 마음이 읽히는 다음과 같은 기록도 있다.

서점은 인쇄물로 교리를 전하면서 그 역할을 하였습니다. 한 해 동안 1,000엔 어치가 넘는 소책자와 성경, 쪽복음, 학용품들을 거래했습니다. 한 남자는 마가복음을 무료로 나누어주기 위해 1,500부를 사기도 했습니다. 공부반에 참석하기 위해 시골에서 왔던 한 노부인은 돌아가는 길에 책을 너무 많이 사서 가마에 싣는 바람에 자리가 없어서 집까지 거의 15마일이 되는 길을 걸어갔습니다.[1]

안동 지역의 이러한 성향을 미리 파악한 안의와 선교사는 교회가 아닌 서점을 먼저 마련하여 김병우에게 맡겨 문서를 통한 복음 전도를 하도록 하였던 것이다. 이 책자와 문서들은 기독교 신앙에 관해 알아가고 깨우치는 데 중요한 역할을 담당하였지만, 동시에 문자를 익히고 근대적 의식을 깨우고 확산하는 데 적지 않은 영향을 끼쳤음을 부인할 수 없다. 이 기독서원이 안동 지역의 최초의 기독교 서점이자 최초의 근대 서점이 되었다. 기독서원은 한 세기가 넘는 시간을 지나면서 몇 차례 어려운 고비를 겪기도 하였지만, 현재도 그 맥을 잇고 있는데 바로 안동교회 건너편에 있는 「협신사 기독서점」이다.

1 프리실라 웰본 에비, 앞의 책, 206쪽.

천막교회(Tent Church) 평일에는 환자를 진료하였다.

안동성소병원: 안동지역 의료 근대화

안동성소병원은 1909년 10월 1일 설립된 것으로 알려져 있다. 미국 북장로교의 파송을 받은 의료선교사 플레처Archibald Grey Fletcher[한국명 별리추鱉离湫]가 오월번 선교사와 함께 안동선교부로 부임하면서 시작되었는데, 별리추 선교사는 안동성소병원의 초대 원장이다. 그는 현재 안동교회 경내에 있던 선교사 임시사택에 임시진료소를 설치하고 진료를 시작했는데, 이어서 퍼비언스Walter Charles Purviance[한국명 부반서芙班瑞] 의료선교사와 간호사 맥켄지Mary Mckenzie 선교사가 도착하면서 진료활동에 활기를 띠기 시작했다.[2] 1910년 별리추 선교사는 그해 여름에 무려 600명이나 환자를 진료하였다고 한다. 별리추 선교사는 1911년 대구로 가서 1942년 일제에 의해 추방될 때까지 대구 동산병원 원장으로 사역을 감당하였다.[3]

초기 안동성소병원의 진료 장소는 안동교회 예배처소와 깊은 관계가 있다. 당시 안동교회 위치에 선교사 임시주택이 3채 있었는데, 하나는 오월번 선교사 가족이 사용하고 있었고, 미혼인 권찬영과 별리추 선교사는 자신들이 사용하던 임시주택을 낮에는 간이진료소로 사용했을 것으로 보인다. 그리고 천막교회tent church 사진이 전해오고 있는데, 여기서도 진료를 했다고 한다. 이 천막교회는 1910년 가을 안동교회가 첫 번째 예배당을 건축할 때 현재의 안동교회 자리에 설치하여 임시 예배처소로 사용되었다. 새 예배당이 완성될 때까지 주일에는 교회로, 평일에는 병원으로 사용되었을 것으로 생각된다.

별리추 선교사의 후임으로 미국 북장로교에서 스미스Roy Kenneth Smith[한국명 심의도沈義道]선교사를 임명했다. 그가 1912년 가을에 안동성소병원의 제2대 원장으로 부임한 후 병원 건물을 신축하게 되었다. 병원건축비는 미국의 쇼플러라는 후원자가 자신의 아버지 코넬리우스 베이커Cornelieus Baker의 이름으로 1만

2 안동교회80년사 편찬위원회, 앞의 책, 137쪽.

3 도널드 R. 플레처(이용원), 『십자가와 수술칼 Dr. 플레처의 선교이야기』, 2021, 104쪽.

달러를 기부한 것이었다. 안동시 금곡동 177번지에 터를 잡아 건축을 시작하였고, 1914년 11월 3층으로 된 안동성소병원 최초의 건물이 준공되었다. 병원 이름은 쇼플러의 아버지를 기념하여 "코넬리우스 베이커 기념병원Cornelieus Baker Memorial hospital"이라고 불렀다.[4]

1941년 전시체제를 강화하던 일제는 선교사들을 추방함으로서 성소병원도 폐원하게 되었다. 해방 이후 1949년이 되어서야 병원의 문을 열었지만 한국전쟁으로 코넬리우스 베이커 기념병원 건물은 폭격으로 완전히 파괴되었다. 전쟁이 끝나자 1953년 7월 대구 동산병원의 분원형식으로 임시 진료소를 열었는데, 애린진료소라 이름하였다. 이후 선교회의 지원 등으로 1956년 2층 건물을 준공하여 성소병원의 문을 다시 열게 되었다. 성소병원은 경북 북부지역 최초의 근대적 의료 활동을 시작한 병원이다.

선교사 영구주택: 서양식 건축

안동선교부는 현재 안동교회 자리에서 시작하였다. 처음 안동선교부 활동을 준비할 때 주재 선교사들이 우선 머무를 임시주택 3채를 마련하였는데, 바로 현재의 안동교회 위치에 있었다. 그런데 그 임시주택은 이름 그대로 새 집을 마련하는 동안 잠시 머무를 건물이었기 때문에, 선교사 가족들이 거주할 영구주택을 건축할 필요가 있었다. 이 임무를 시작한 선교사는 사우대와 오월번이었다. 먼저 영구주택을 건축할 부지를 구입하고 건축에 필요한 많은 자재들을 구해야 했는데, 그들은 안동교회를 돌보고, 자신이 맡은 선교지 순회와 관리를 하면서도 열정적으로 이 일을 담당하였다. 처음부터 이 일은 쉬운 일이 아니었다.

안동의 서쪽 지역인 지금의 성소병원, 경안고등학교 부근의 금곡동 일대와 법

4 김승학, 「안동지역 의료근대화」, 제12회 안동지역 기독교역사포럼, 2023, 86쪽.

상동 등지에 부지를 물색하고 이 부지의 소유자들과 일반적으로 거래되는 금액의 두 배의 가격으로 매입하기로 합의하고 계약을 했다. 보증금도 지불되었다. 그런데 몇 주 사이에 거래 중개인이 더 많은 금액을 요구하게 되어 거래가 계속될 수 없었다. 오월번은 서쪽 지역을 포기하고 반대편인 동쪽 지역으로 눈을 돌려 부지 마련을 준비하였다. 이때 전에 땅을 팔려던 사람들이 급하게 찾아와서 땅을 팔겠다고 해서 거래가 이루어졌다.[5] 예나 지금이나 물질에 대한 사람의 심리를 짐작할 수 있게 한다.

사우대 선교사가 세상을 떠나고 난 후 오월번 선교사가 주로 건축을 맡아 추진하였다. 선교사들은 그들에게 익숙한 벽돌로 영구주택을 짓기로 했다. 이 일을 위해 중국인 기술자들이 동원되었다. 먼저 벽돌을 구워야 했기 때문에 벽돌 굽는 중국인과 벽돌 쌓는 중국인 기술자가 동원되었다. 필요한 목재들은 낙동강 상류에서 구입해 강으로 운반해 왔다. 나무를 구하기 위해 여러 번 강 상류를 오르내리기도 하였다. 여기에서 구할 수 없는 건축 자재들은 미국 시애틀과 시카고 등지에서 주문하여 부산을 경유해서 안동으로 운반되었다. 거의 1년이 걸려 1911년 가을에 영구주택 1호가 완공되어 입주하게 되었다. 결혼하여 가족이 있는 오월번 선교사의 가족이 먼저 입주했다. 이어서 나머지 영구주택도 완공되어 선교사들의 안정된 생활이 이루어졌다. 이 주택에는 여러 편의시설과 욕조가 설치되어 있고, 지하층에는 난로도 설치되어 있었다.[6]

이 선교사 영구주택은 초가나 기와집만 있던 안동지역에 서양식 주택을 선보임으로써 주택 문화에 새로운 시대를 열게 되었다.

5 프리실라 웰본 에비, 앞의 책, 65쪽.
6 김승학, 「안동선교 초기의 기독교 모습들」, 제5회 안동지역 기독교 역사포럼, 2016, 57~58쪽.

지금의 금곡동 위치에 건축한 선교사 주택들
프리실라 에비 제공

안동 근대음악의 선구자들: 선교사들과 소천 권태호

안동에 서양음악을 처음 소개한 사람은 권애라 선교사이다. 권애라 선교사는 1909년 11월 사우대 선교사가 별세한 후 그 후임으로 1910년 1월 안동선교부에 파송된 권찬영 선교사의 부인이다. 기독교는 예배 순서에 찬송을 부르는 순서가 반드시 들어 있는데, 피아노를 전공한 권애라 선교사는 안동에 온 그해부터 풍금으로 반주를 했다. 이 풍금은 사우대 선교사가 별세한 후 부인 캐더린 선교사가 안동을 떠나면서 안동교회에 기증한 것으로, 안동지역 최초의 풍금이었다. 이것이 안동에서 연주된 최초의 서양 악기로 생각되며, 안동지역 근대음악 역사에 지대한 공헌을 하게 된다.

안동지역 교회음악에 기여한 또 한 사람은 1914년 안동선교부로 파송된 인노절 선교사의 부인 캐더린Catherine Winn 선교사이다. 캐더린 역시 피아노 전공자로 1922년 남편이 별세하고 안동을 떠날 때까지 권애라 선교사와 함께 안동지역 교회음악에 중요한 역할을 했다.

안동교회 찬양대 조직에 결정적 기여를 한 사람은 미국 북장로교의 샤록스 Miss. E. J. Sharrocks[한국명 사은라謝恩羅] 선교사이다. 사은라 선교사는 간호선교사로 1926년 내한하여 1934년까지 성소병원에서 간호부장으로 사역하였다. 처녀 선교사였던 사은라는 병원직원들 가운데 여성들로 찬양대를 조직하고, 짬짬이 시간을 내어 연습한 찬송을 환자들에게 들려줌으로써 환자들을 위로했다고 한다. 병원에서 발표했던 곡들을 안동교회 주일예배 시에 특별찬양을 함으로써 안동교회 찬양대가 시작되었던 것이다. 1928년 1월 20일 당회의 허락을 받아 예배시간에 찬양함으로서 안동교회 찬양대가 공식적으로 시작되었다.

1925년 5월 19일 동아일보 기사에는 계명학교 주최로 안동교회 예배당에서 음악강연회가 있었음을 볼 수 있고, 1926년 8월 19일 기사에는 안동교회의 하기夏期성경학교에서 "가극음악급사화대회歌劇音樂及史話大會"를 개최하여 혼성합창과 유희합창, 독창 등이 있었음을 보여주고 있다. 이후 계속해서 많은 음악 관련 행사들이 이어지고 있음을 볼 수 있다. 1929년 8월 5일에는 니혼음악학교 재학중인 권태호가 고향 안동교회에서 독창회를 갖게 된다. 안동교회 예배당은 그가 장차 음악가로 성장함에 있어 마치 요람과도 같은 뜻깊은 장소이다.[7] 1910년 풍금을 기증한 캐더린, 이 풍금으로 예배에 반주를 하고 어린 권태호를 가르친 권애라와 인노절의 부인 캐더린 선교사의 노력과 영향으로 안동지역에도 기독교인을 중심으로 서양음악이 서서히 확산되고 정착되어 나갔다.

소천 권태호

소천 권태호 선생은 안동이 낳은 근대 한국 최고의 음악가 중 한 명이다. 그의 숙부 권중락은 안동교회 첫 예배에 참석한 8명 중 한 명이고, 부친 권중한은 안동교회 최초의 세례교인이다. 권태호는 8살 되던 1910년 아버지를 따라 교회에 갔다가 선교사 부인이 연주하는 풍금 소리를 듣고 매료되었다. 권애라 선교사는 유난히 풍금에 관심을 보이는 소년 권태호에게 찬송가로 풍금을 가르쳤다. 권태호에게 음악을 가르친 또 한 사람은 1914년에 안동에 온 인노절 선교사의 부인 캐더린이다. 소년 권태호는 두 선교사로부터 청소년기를 거쳐 1923년 20세가 되는 해까지 안동교회에서 탄탄한 음악교육을 받았다. 1922년 권애라 선교사가 피아노를 들여오면서 권태호의 음악세계는 한층 더 무르익게 되었다. 이미 권태호는 15세 되었을 때 찬송가 172장 전곡을 4부로 악보를 외워서 연주할 정도여서 예배 반주자가 되었을 정도로 천부적인 재능을 보였다.

그는 1924년 본격적인 음악공부를 위해 일본으로 건너가 고학으로 신문 배달을 하면서 아오야마학원의 중학부를 졸업하고, 1927년 니혼음악학교에 입학하여 자신의 재능을 키워나갔다. 니혼음악학교 입학시험 때 시험관이 권태호에게 좋아하는 곡을 쳐 보라고 했을 때 "날빛보다 더 밝은 천당 믿는 맘 가지고 가겠네"

7 소천권태호선생 기념사업회, 『음악가 권태호』, 도서출판 창조와지식, 2018, 173쪽.

소천 권태호 소천권태호선생기념사업회 제공

라는 찬송가를 쳤더니 시험관이 폭소를 했다고 한다. 선교사로부터 찬송가로만 음악 연습을 하고 공부했으니 어쩌면 당연한 결과였으리라 생각된다.

음악가로서 천부적 재능을 보인 권태호는 니혼음악학교 재학 중에 일본 현지에서 "베토벤 서거 100주년 기념음악회"에서 테너 솔로로 발탁될 정도로 일찍부터 발군의 실력을 발휘하였다. 권태호는 성악가로서뿐만 아니라 작곡가로서도 "봄나들이" 등 많은 작품을 남겼는데, 일제 지배하에서도 독창회만 200여 회 이상 개최할 정도로 우리나라 서양음악의 발전에 지대한 영향을 끼쳤다.[8] 안동이 낳은 소천 권태호 선생은 한국 근대음악의 개척자로서, 자랑스러운 안동인으로 고향 사람들의 마음속에 남아 감동을 주고 있다.

민주적 시스템을 통한 근대의식의 확산

올해 140주년을 맞는 한국 개신교의 역사는 한국 근대사에 지대한 영향을 끼쳤고, 근대사의 한 축을 이루어 현재로 이어지고 있다. 선교사들은 성경책과 함께 근대적 교육과 의료 시스템을 도입했고, 근대적 의식과 문화를 한국사회에 뿌리내리게 하는 데 중요한 역할을 담당하였다.

한국 교회는 처음부터 자유롭고 평등한 의식을 기본으로 출발하였다. 그것은 선교사들의 기본 의식이기도 했지만, 모든 인간은 하나님 앞에 평등하다는 성경의 기본 정신이기도 하다. 교회도 사람들이 모여서 활동하는 단체이기 때문에 그것을 운영하는 원칙과 제도가 반드시 필요하다. 근대 초기 기독교가 이 땅에 처음 들어올 때 교회는 민주적 시스템으로 운영되기 시작하였다. 모든 사람은 하나님 앞에서 평등한 것처럼 그 사람의 사회적 지위와 조건이 어떠하든 교회 안에서는 한 인간, 한 생명으로 인정받고 평등하게 대하였다.

8 소천권태호선생 기념사업회, 앞의 책, 26~52쪽.

민주적 회의제도

교회의 시스템은 기본적으로 당회와 제직회, 그리고 공동의회가 있다. 교회의 구성원은 교회에 들어와서 예수님을 그리스도로 고백하고 받아들이면 세례를 받게 되는데, 세례교인은 교회의 구성원으로서의 권리와 의무가 주어지고 공동의회의 회원이 된다. 공동의회는 교회의 모든 세례교인으로 구성되며, 당회에서 결의한 내용을 교회 전체의 의사를 물어서 결정해야 할 중요한 사안을 심의 · 의결한다. 당회는 그 교회의 목사와 장로로 구성되는데 교회의 중요한 일을 심의 · 의결한다. 장로는 공동의회에서 세례교인 2/3 이상의 득표로 선출된다. 제직회諸職會는 목사 · 장로 · 집사 · 권사 등 교회의 직책을 맡고 있는 자들이 모두 모여 제출된 사안을 심의 · 의결한다. 교회에 여러 직책들이 있는 것은 교회가 수행해야 할 여러 가지 역할들을 나누어 맡기 위한 것이다.

이러한 교회 안의 여러 조직의 운영은 민주적인 원리로 이루어진다. 당회나 제직회, 공동의회의 회의 시 회장은 담임 목사가 맡지만 모든 구성원에게 동등한 발언권과 토론, 안건을 제안하고 의결에 참여할 수 있는 권한이 평등하게 주어진다. 민주적이되 효율적으로 회의를 운영하기 위해서 근대적인 회의법에 따라 진행한다. 어떤 안건이 회의에 상정되려면 동의動議와 재청再請, 토론을 거친 후에 최종 결정을 하기 위해 표결의 과정을 거친다. 여기서 동의는 안건을 회의에 내놓는 것으로, 뜻을 같이 한다는 동의同義와는 다르다. 재청은 안건이 제안되었을 때 여기에 공감하는 회원이 한 명도 없다면 어차피 의결이 되지 않을 것이니까 회의의 효율성을 위해서 필요한 것이다. 회의에 참석한 회원은 누구도 차별받지 않고 평등하게 권리를 인정받는다. 초기 한국교회는 어느 정도 규모와 조직이 갖추어지면서 이러한 제도는 처음부터 적용되었다. 한국 최초의 장로교회인 새문안교회의 1915년 10월 당회록에 동의와 재청으로 의결하는 내용이 나온다. 안동교회 제직회록 1937년 5월 3일자에도 “이홍구 씨가 옥동 교회 소유답(논)을 매도

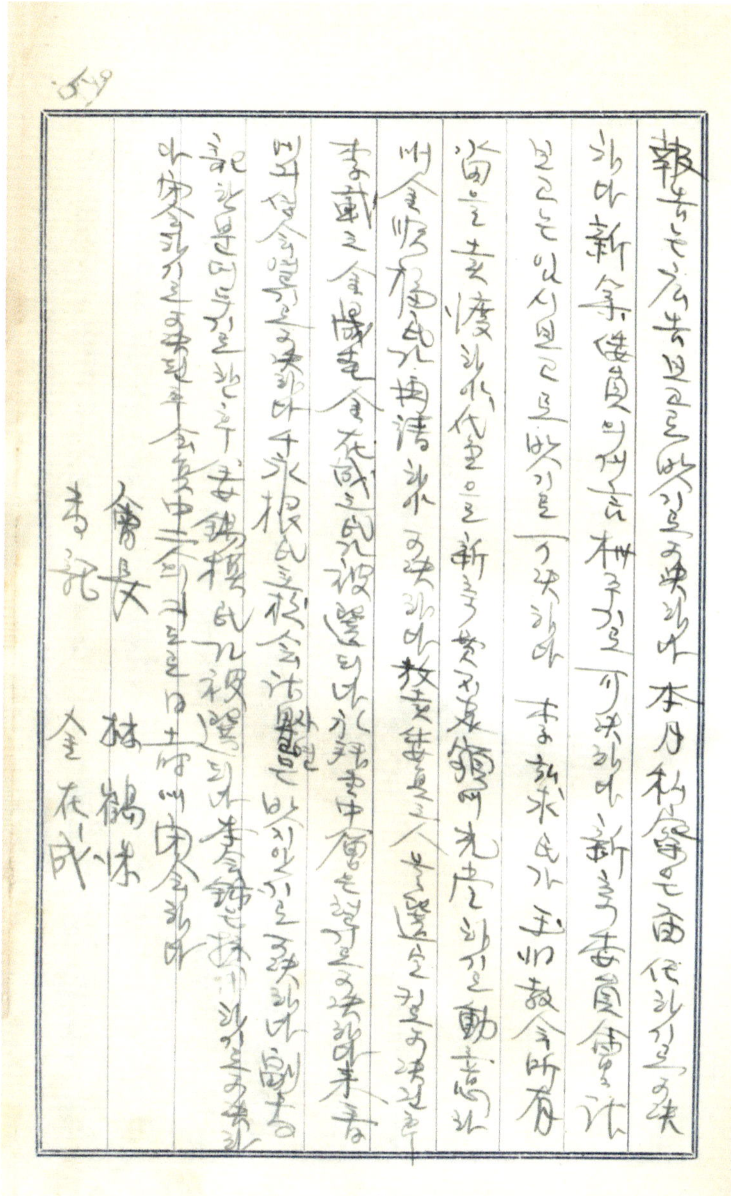

1937년 5월 3일자 안동교회 제직회록 동의와 재청으로 결정하는 내용을 기록하고 있다.

하야 대금으로 신축비 부족액에 충당하기로 동의하매 김순복 씨가 재청하야 가결하다"라고 기록하고 있다.[9] 1894년 갑오개혁으로 신분제가 폐지되었다고 하지만 당시 사회는 오랫동안 사람들의 의식 속에 반상의 개념이 사라지지 않고 사람들의 일상을 지배하고 있었다. 교회 안에는 양반 출신도 있고 백정인 교인도 있었지만, 발언권 등 기본 권리를 제한하지 않았고 표결에 있어서 똑같이 1표를 행사했다.

자치회

교회 안에는 일찍부터 자치회自治會가 활동하였다. 교육을 중요시하던 한국 교회는 어린 아이들부터 성인에 이르기까지 성경을 가르치기 위한 교회학교가 있었다. 한국 교회 초기에 교회학교는 신앙생활에 필요한 성경 지식뿐 아니라, 교인들이 사회 구성원으로서 요구되는 자질로서 문맹을 극복하고 근대적 의식 습득 등에 지대한 영향을 끼쳤다. 교회학교와 별도로 중학생으로 구성된 중등부 학생회, 고등학생들의 고등부 학생회, 청년들의 청년회, 성인들로 이루어진 남선교회와 여전도회 등 자치회가 일찍부터 교회에는 조직되어 활동하고 있었다. 여기에는 회장 · 부회장 · 총무 · 서기 · 회계의 직책이 있어 자신에게 맡겨진 역할을 담당하였다. 각 자치회는 활동에 필요한 일을 추진하기 위해서 이 임원들은 수시로 임원회로 모여 추진할 일을 의논하였다. 매월 정해진 날짜에는 전체 구성원이 월례회로 모여서 추진해야 할 일을 회의를 통해 결정하고 회의록을 기록하였다. 1년에 1번 정기총회에서는 새로운 임원을 선출하고 중요한 일을 결정하였다. 이 모든 모임의 의사 결정에 민주적인 회의 절차에 따라 결정하고 추진하였다. 안동교회에는 1914년 여전도회와 1921년부터 청년회가 조직되어 활동하였

9 안동교회 제직회록 제2권.

다. 교회 안에서는 초기부터 청소년 시기에 이러한 민주적 시스템 안에서 민주적 의식으로 내면화된 교인들이 사회에 나가 활동하면서 우리 사회가 민주적으로 변화하는데 적지 않은 기여가 있었음은 의심할 여지가 없다.

석조예배당:
근대문화유산

1909년 창립된 안동교회는 지난 116년 동안 예배당을 3번 건축하였다. 처음 대구선교부 안의와 선교사가 마련한 기독서원에서 김병우 인도로 예배를 드림으로 시작되었다. 처음 8명으로 시작한 안동교회는 1년이 지나서 75명이 되었고, 5칸 기독서원에서는 더 이상 모이기가 어려워 선교사 임시주택에서 예배를 드리면서 예배당 건축을 계획하게 되었다.

"ㄱ" 자 예배당과 목조 2층 예배당

초가 한옥 "ㄱ" 자 예배당

첫 번째 예배당을 건축하기로 계획하고 현 안동교회 마당에 천막을 치고 벽돌을 찍고 목재를 준비하였다. 이 천막교회에서는 주일에 예배를 드리고 평일에는 환자 진료도 실시되었다. 예배당 부지의 위치는 구한말 진영鎭營이 있던 터인 안동시 광석동 214 번지로 NH농협 광석동지점 남쪽에 있는 건영화물 자리이다.

안동교회가 첫 번째 건축한 16칸 "ㄱ" 자 예배당
프리실라 에비 제공

1910년 10월 30일, 공사를 시작한 지 한 달 남짓 만에 "ㄱ" 자 모양의 16칸 예배당을 준공하여 최대 400여 명까지 예배드릴 수 있는 예배당이 마련되었다. 안동교회가 건축한 첫 번째 예배당이었다. 새디 선교사의 일기에는 새 예배당에 관해 다음과 같이 기록하고 있다.[1]

오늘 새 예배당에서 입당 예배를 드렸다. 준비된 저녁 식사도 가졌다. 많은 새 여성들이 참석했다. 입당 예배 시 설교는 오월번 선교사가 맡았다. 이때 존슨 의료 선교사, 권찬영 선교사와 조사들이 참석했다. 이날 오후 영어 예배는 드리지 않았다.

당시 안동교회 교인들은 예배당 건축을 위한 특별 헌금을 했다. 안동교회 초대 담임목사가 되는 김영옥 조사는 자신이 전도하러 다닐 때 타고 다니던 나귀를 팔아 건축 헌금을 하였다고 한다. 새디 선교사는 자신의 일기에 남편 오월번 선교사가 이 예배당 건축을 위해 매우 바빴음을 기록하고 있다. 16칸 예배당은 약 29평 정도의 크기로 당시 상황으로는 작지 않은 규모였다. "ㄱ" 자 예배당은 양쪽으로 남녀가 따로 출입하도록 양쪽으로 출입문을 두었고, 양 끝에는 방을 하나씩 둠으로써 특별한 집회가 있을 때는 숙박할 수 있도록 했다. 예배당 형태가 "ㄱ"인 이유는 당시 남녀가 유별한 유교적 전통이 강하여, 한쪽은 남자석 한

1 프리실라 웰본 에비, 앞의 책, 143쪽.

쪽은 여자석으로 하고 "ㄱ" 모서리에 강단을 설치하여 예배 인도자가 강단에 섰을 때 양쪽을 볼 수 있지만 남녀가 서로 볼 수 없도록 하기 위한 것이었다.

목조 2층 예배당

첫 번째 "ㄱ" 자 예배당을 건축한 후 안동교회는 급격한 성장을 이루면서 지역의 중심 교회로 나아갔다. 1911년 2월 16일자 새디 선교사의 편지에는 첫 번째 "ㄱ" 자 예배당을 건축한 이후 교인수가 급격하게 증가하여 준공된 지 몇 개월 밖에 지나지 않았음에도 봄 공부반이 열리는 대로 바로 예배당 확장을 생각할 정도였다. 매일 열렸던 전도집회 때에는 마당까지 사람들이 앉아야 할 정도였다.

1913년 7월 안동교회는 기독서원 매서였던 김병우를 장로로 세웠고, 당회가 조직되었다. 당회란 교회의 목사와 장로로 구성되는 교회의 중추적인 조직이다. 당회가 조직된 후 "8월 9일 제1회 당회에서 의논한 안건은 8월 14일에 문답하기로 회중이 가결하고, 예배당을 건축하기 위하여 수금위원 남자 12인 여자 12인을 택하기로 가결"하였다.[2] 첫 예배당을 건축한 지 채 3년이 지나지 않은 시점이었다. 그만큼 교회의 성장이 빠르고 경북 북부지역의 중심 교회로서의 역할과 기대를 요청받고 있었던 것이다.

예배당을 건축할 위치는 지금의 안동교회 100주년 기념관이 있는 자리로 결정되었다. 이 위치는 안동선교부가 설립되는 과정에 선교사 임시주택이 있던 영역으로, 이미 여기에서 예배를 드리던 곳이기도 하고 성소병원이 시작되었던 위치로, 안동선교의 모태 같은 곳이었다.

2층 예배당은 목조 함석지붕 건물로 반半2층 구조인데, 2층은 규모가 작았을 것 같다. 1913년 11월에 착공하여 1914년 2월에 완공되었다. 예배당의 크기는 가로 40척, 세로 50척의 약 60평으로 당시로서는 비교적 규모가 큰 편이었다. 형

2 안동교회 당회록 제1권.

현재 안동교회 백주년기념관 자리의 목조 2층 예배당

목조 2층 예배당 현판 사진: 류종승

태는 정면 4칸, 측면 5칸으로 구성된 장방형 건물로 정면 양쪽에 출입구가 있어 남녀가 서로 다른 출입구를 사용했을 것으로 추정된다.

두 번째 예배당이 준공된 1914년 2월 이후 안동교회는 경북 북부지역 중심 교회로 온전히 자리 잡게 되었다. 많은 인원이 모여 집회가 가능한 장소로서 대부분 이 예배당이 사용되었다. 가장 큰 규모의 집회는 1928년 9월 19일부터 8일간 개최된 제1회 경안주일학교 대회로 경안노회 경내 교회의 주일학교 전 구성원이 참여하였는데, 정회원 1,300여 명 외에 방청 인원 1,000여 명 등 총 2,300여 명이 참석하였다. 참가자가 많아 이 예배당에 모두 수용할 수 없어 외부에서도 강단이 보이도록 출입구가 있는 남쪽 벽을 헐고 교회 마당에 대나무로 지지대를 세우고 광목을 덮어 천막을 만들었다고 한다. 이처럼 안동교회는 당대에 주어진 북부지역의 중심 교회로서의 역할을 감당하려고 최선의 노력을 다하였다.

석조예배당: 국가등록문화유산

안동교회가 세 번째 건축한 석조예배당은 1937년에 건축되었다. 본 교회 제직회의록에 의하면 새 예배당 건축에 관한 최초의 기록은 1926년에 시작되었지만, 본격적인 논의는 1929년 초부터 추진하였다. 설계는 1931년 경 미국인 건축설계사 보리스William Merrell Vories 선교사에게 의뢰하였다. 당시는 일제가 전시 체제로 나아가던 시기인데다 화강암으로 작지 않은 규모의 예배당을 짓는 것은 쉽지 않은 일이었다. 설계도를 받아든 지 5년이 지난 1936년 6월에 건축을 시작하여 1937년 4월 6일 준공하게 되었다. 예배당을 건축하기로 처음 논의한 때부터 11년이나 지난 후 완공을 보게 된 것이다. 1935년 예배당 건축을 준비하던 당시 동아일보에는 "안동예배당 신축기금운동 공사비 15,000원 예산"이라는 기사가 실려 있다. 화강암으로 지어진 장방형의 2층 예배당은 당시로서는 언론에서 주목할 정도로 지역의 주요한 관심사였다. 예배당의 규모는 17m×28m의 장방형의

1937년 준공 직후 석조예배당

근대문화유산

평면으로 1층에는 소예배실과 사무실, 관리실, 기도실이 배치되어 있고, 2층에는 예배실과 준비실로 구성되어 있다. 진입 방식은 남쪽으로 향한 전면에 2개의 큰 아치를 지나 중앙 현관에 들어서면 1층으로 들어가고, 양옆의 계단을 통해 2층으로 올라가면 출입 테라스에 이르게 되고 좌우 양측에 배치된 2개의 현관문으로 진입하여 예배실에 도달하는 구조이다.

안동예배당 신축기금운동

공비만오천원예산

안동장로교회에서는 오래 전부터 동례배당을 신축할 계획이엇으나 경비 관계로 오늘날까지 연기되여 오던 중 근일에 열린 경안지방 남녀도사경회都査經會를 기회로 하야 교역자와 김중학씨 외 제씨의 발기로 구체적인 예산안을 세우고 이래 그 공사비 거출에 대한 타합을 한 결과 교회 유지들의 기부금 1만원과 이 밖에 조선선교회로부터 보조금 5천원을 합하야 총 공사비工費 1만5천원으로 금년 가을에 현 예배당의 동편에 총 건평 3백 평으로 근대식 연와조 2층 대 교회당을 건축할 예정이라 한다.

동건축기부자

김중학 1,300원, 이순애 400원, 임학수 300원, 백원달 120원, 김병우 300원, 강창한 120원, 배영찬 200원, 백태성 100원, 이재삼 200원, 천영근 100원

- 1935년 3월 23일자 『동아일보』 기사

안동장로교회 신축예배당낙성

공비가 이만여원

안동장노교회의 례배당신축계획은 수년전 동교회측의 유지제씨로부터 성안되어 이래 그 경비모집에 활동한 결과 다행이 2만여원의 기부금을 수합하고 작년봄부터 비로소 안동읍 법상동 구례배당 서편 산기슭에 건평백삼십평을 택하야 근대식 석조2층양관을 기공케 되엇든바 원체 기초공사에 오랜시일을 요하엿고 또

> 만개이상의 석재운반과 이밖에 목재 세멘트 등의 구입으로 말미아마 본격적 건축공사는 작년가을부터 착수한바되어 만8개월 넘어나 지공중이엿는데 수일전 드디어 신건축전모가 완전히 준공되엇으므로 동교회에서는 불일간 이 신축교당으로 이전하리라하며 그 총경비는 약2만2천원으로 예산보다 수천원 초과된 셈이나 건물의 웅대화려함은 전선 어느교회당에도 그 류를 보지못하리라고 한다
>
> - 1937년 6월 9일 『동아일보』 기사

1931년 만주사변으로 만주를 점령하고 중국 본토 침략을 준비하던 1930년대 중반의 시대적 상황으로 볼 때, 일제의 수탈이 강화되는 당시의 경제적 여건으로는 안동교회의 자력으로는 이러한 규모의 예배당 신축은 거의 불가능에 가까웠다. 건축 예산은 15,000원으로 예상했으나 22,000원으로 완공하였다. 우선 선교부에서 5,000원의 지원을 받았다. 선교부에서는 한국 교회의 자립을 위해서 개별 교회에는 일절 지원하지 않는 것을 원칙으로 하였는데, 지역의 공회당 성격의 건축에는 1/3을 지원한다는 예외 규정이 근거였다. 경안노회의 각 교회가 헌금하여 2,300원을 보내왔다. 나머지는 본 교회가 모두 부담하였는데, 임학수 담임목사는 자신의 사재 대부분을 헌금했으며, 교회는 소유하고 있던 농토를 모두 팔았다. 부인들은 반지를 팔아 기꺼이 건축비에 보태기도 했다.

총건축비는 예상보다 훨씬 많이 들어갔지만 부채 없이 완공되었다. 건축에 필요한 모래는 부녀자들까지 동원되어 낙동강에서 운반해 왔고, 주 재료인 화강암은 북쪽으로 30리 떨어진 보릿고개[麥峴]에서 8,000여 개를 수레로 운반하여 왔다. 석조예배당 터는 원래 습지濕地였다고 한다. 그래서 기초를 튼튼히 하기 위해 생소나무를 무수히 박았다. 물에 잠겨있는 한 생소나무는 썩지 않기 때문이다. 지금의 파일 공법과 같은 기술이지만, 당시에는 일반화되지 않은 기법이었다. 안동교회는 교인들이 늘어남에 따라 1959년 석조예배당을 연건평 80평을 증축하여 오늘에 이르고 있다.

1951년 7월 안동교회에서 공부한 3년제 안동중학교 첫 졸업식
권상길 제공

현재의 안동교회 석조예배당

한국전쟁은 안동에도 엄청난 피해를 남겼다. 안동 지역은 시내 중심가가 거의 파괴되고 초토화되었다. 중요한 건물과 학교 시설도 대부분 파괴되었다. 그런데 안동교회 석조예배당은 주변의 폭격의 여파로 창문 등이 깨어지기도 했지만, 건물 자체는 훼손되지 않았다. 당시 안동중학교도 건물이 파괴되어 3학년 학생들이 안동교회 석조예배당에서 공부를 하고 1951년 7월 18일 졸업 기념사진을 남겼다. 중학교가 3년제로 바뀐 첫 번째 졸업식이었다.

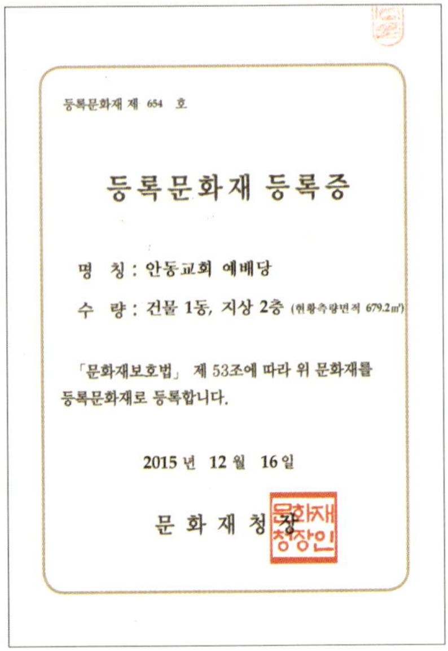
등록문화재 제 654 호

등록문화재 등록증

명 칭 : 안동교회 예배당

수 량 : 건물 1동, 지상 2층 (현황측량면적 679.2㎡)

「문화재보호법」 제 53조에 따라 위 문화재를 등록문화재로 등록합니다.

2015 년 12 월 16 일

문 화 재 청 장

등록문화재등록증

안동교회 석조예배당은 2015년 12월 16일 문화재청으로부터 등록문화재 제654호로 등록되었다. 문화재청은 안동의 최초 교회로서 근대 시기 기독교 전파과정을 고스란히 담고 있는 역사적 · 종교적 가치가 크다는 평가와 더불어 1937년에 완성되었음에도 원형의 보존 상태가 훌륭하게 유지되고 있어 당시의 건축기술을 살펴볼 수 있는 예배당으로서 학술적 가치를 인정하였다. 대한예수교장로회 총회에서는 석조예배당 준공 80주년이 되는 2017년 4월 6일 한국기독교사적 제32호로 지정하였다.

석조예배당의 설계와 시공

설계자 보리스

안동교회 석조예배당의 설계는 미국인 선교사 윌리엄 메럴 보리스이다. 그는

윌리엄 메럴 보리스
위키미디어에서 전재

건축 전문가로서 신학을 공부한 목사로서의 선교사가 아닌 평생을 평신도 선교사로 활동한 인물이었다. 1905년 일본 시가현[滋賀県]에 있는 상업학교 영어교사로 부임하였다가, 자기가 평소 좋아하던 특기를 살려 1910년 '보리스합명회사'라는 건축회사를 설립하여 크게 성공하게 되었다. 그는 1964년 일본에서 생을 마감할 때까지 평생을 건축에 몸담으면서 일본 근대 건축에 지대한 영향을 끼쳤다. 일본에서 그가 설계한 작품은 주로 교회 예배당이나 YMCA · YWCA 건물, 학교와 병원 등 기독교 계통의 작품이 거의 주류를 이룬다. 보리스는 우리나라에도 1908년 이후 여러 차례 방문하였으며, 한국 내에도 140여 건 이상의 주요 건축물을 설계하였다. 대표적인 것으로는 이화여대 본관 · 음악당 등 다수이다.[3] 한국의 작품들도 기독교 계통의 건축물이 주류를 이룬다.

안동교회 석조예배당의 시공자는 중국인 왕공온王公溫일 가능성이 매우 높다. 그는 서울 정동에 있던 화교華僑 건축회사인 "복음건축창福音建築廠"이라는 시공회사를 운영하고 있었다. 안동교회에서는 오래 전부터 석조예배당 설계와 시공에 대해서 어렴풋이 전해오는 이야기가 있었다. "설계는 미국인 보리수 씨가 공사 감독은 중국인 왕 씨가 했다"는 것이다. 그런데 당대에 어느 정도 규모를 갖춘 건축 시공회사 중에 중국인 왕씨가 경영하는 회사는 왕공온의 경우가 유일하다. 이화여대 본관 등 보리스가 설계한 상당수 건축물의 시공을 왕공온이 맡았다. 그리고 왕공온 자신도 기독교인이라는 사실이 더욱 가능성을 크게 한다.[4] 안동교

3 이정선, 「일본의 건축선교사 보리스의 생애와 사상연구」, 감리교신학대학교 석사학위논문, 2006, 95쪽.
4 왕덕기, 「한국 화교 기독교회사 연구」, 서울신학대학교 석사학위논문, 2006, 36쪽.

회 석조예배당의 시공자는 중국인 왕공온이 거의 확실하다고 할 수 있다.

예배당 건축기

석조예배당을 건축하고 난 후 제직회에서는 담임 임학수 목사에게 "예배당건축기禮拜堂建築記"를 기록하여 남기기로 결의하였다.[5] "법상동예배당"은 초기에 안동교회를 부르는 다른 이름 중 하나이다.

법상동예배당건축기 法尙洞禮拜堂建築記

法尙洞禮拜堂建築記

從古二千年間。救主洪恩。普及擧世。距今三十載前。福音眞光。遍照此城。

信徒逐年增加。敎堂屢次移建。隨時改築。未免頹落。臨事會集。常恨狹窄。

時値發展之文明時代。

地是會合之中央地域。是時所當要者。只是建物。此地不可無者。惟此聖殿。

全能上帝。

必有永遠之經營。多數敎徒。那無積累之貢獻。期成會組織。雖有多年。

建築捐收。入不過幾圓。事必有機會。誠可透目的。不息聖徒之祈願。

竟得眞神之應諾。逐戶巡訪。丹心合同。個人請捐。赤誠盡呈。

遠受宣敎師之援助。幷得他敎會之同情。不讓土壤。泰山之基本。

肯納金環善女之誠表。蟻積血汗淚要素。鳩集金木石之原料。廣求各處。

周旋百方。採得三十里之麥峴。搬入八千箇之花崗。精密設計。出於敎友之意圖。

琢磨建築。任其良工之技術。着手于丙子之炎夏。竣工于丁丑之萋節。役事期間。

支離乎三百三十餘日。工費總合。超過於二萬二千巨額。少不負傷而畢役。

---

5 안동교회역사위원회, 앞의 책 Vol.01, 378쪽.

實是神恩。終無債務而成事。亦非人力。登高觀覽。風景節調。入室禮拜。道味佳適。

美哉梁之東。朝日鮮明。如春風浩蕩。可得生命之光。只化育之功。

喜哉梁之南。二水合江。儘覺無窮之道源。十里開野。倣聞同樂之農談。

快哉梁之西。秋聲在樹。多感盛衰之世事。月色滿空。可讀新舊之聖書。

愼哉梁之北。木葉盡脫。可恐公義之審判。峰巒不動。反省行事之沈黙。

偉哉梁之上。彩霞玲瓏。眞是上帝之榮光。明星燭耀。莫非聖徒之冕賞。

聖哉梁之中。電燭光明。可以眞理溯考。雷鐘響應。宜乎聖靈交通。

固哉梁之下。潦水不退之基礎。神旣豫定。虹霓未霽之門楣。人多奉賀。

主(後)一千九百三十八年七月下澣

林鶴洙。謹識

법상동 예배당 건축 기록

예로부터 이천 년 동안 구세주 예수님의 넓고 큰 은혜가 온 세상에(이 땅에) 널리 퍼진 것이 지금으로부터 삼십여 년 전이었다. 복음의 참 빛이 이 고을을 두루 비추니 신도들이 해마다 불어나 예배당은 여러 차례 옮겨지었으며, 수시로 다시 고쳐지었으나 퇴락함을 면치 못하였다.

일에 임하여[일이 있어] 모이면 늘 공간이 좁은 것을 한스러워했다. 때는 발전하는 문명시대를 만났고, 땅은 여럿이 모이는 중앙 지역이었다. 이때에 마땅히 요구되는 것은 다만 건물인데 이 지역에 없을 수 없는 것은 이 성전이다.

전능하신 하나님께서 반드시 영원히 경영하실 것이니, 다수의 신자들이 어찌 덕을 쌓고 인을 쌓은 공헌이 없으리오. 기성회期成會를 조직한 것이 비록 여러 해가 되었으나 건축 헌금이 들어온 것은 몇 원에 불과했다. 일은 반드시 기회가 있고, 정성은 목적을 통할 수 있다.

성도들의 기도가 쉬지 않아 마침내 참 신이신 하나님의 응답과 허락을 얻어 집집마다 차례로 방문을 하여 정성스러운 마음이 어울려서 하나를 이루고, 개인별로

헌금을 신청하여 마음에서 우러나오는 참된 정성을 다 드렸다.

멀리로는 선교사의 원조를 받았고, 아울러 다른 교회의 동정도 얻었다. 작은 흙덩이도 사양하지 않는 것이 태산의 기본인지라 금반지를 바치는 착한 여자들의 정성의 표시를 기꺼이 받아들이고, 피와 땀과 눈물의 요소가 조금씩 쌓여, 쇠와 나무와 돌의 원료를 모을 때 널리 각처에서 구하였는데, 백방으로 주선을 하다가 삼십 리 떨어진 맥현에서 찾아 얻어 팔천 개의 화강암을 운반하여 들여왔다.

정밀한 설계는 교우들의 생각에서 나왔고, 갈고 닦는 건축은 그 훌륭한 공인의 기술에 맡겼다. 병자년(1936) 더운 여름에 착수하여 정축년 사월에 준공 하였다. 공사 기간은 지루하게 삼백 삼십 여일이었고, 공사비는 총합이 이만 이천 원이 넘는 거액이었다.

조금도 상처를 입지 않고 공사를 마쳤으니 참으로 하나님의 은혜이시다. 드디어 빚이 없이 일을 이루었으니 또한 사람의 힘이 아니었다. 높은 곳에 올라가 관람하니 풍경이 절조가 있고, 교회에 들어가 예배를 드리니 도의 맛이 마음에 들어 매우 즐겁다.

아름답도다! 대들보의 동쪽에는 아침 해가 산뜻하고 밝아 봄바람이 끝이 없는 듯하여 생명의 빛을 얻을 수 있으니, 다만 만물을 만들어 기르는 공이로다.

기쁘도다! 대들보의 남쪽에는 낙동강과 반변천이 모여서 강을 이루니, 무궁한 도道의 근원을 모두 깨닫게 되고, 십리의 열린 들판에는 함께 즐기는 농부들의 이야기가 들려오네.

상쾌하구나! 대들보의 서쪽에는 가을 소리가 나무에 있으니, 성쇠의 세상일을 많이 느끼리. 달빛이 공중에 가득하니 신구약 성경을 읽을 수 있으리로다.

삼갈지어다. 대들보의 북쪽에는 나뭇잎이 모두 떨어지니 공적인 의의 심판이 두렵구나. 산봉우리가 움직이지 않으니 행사의 침묵을 반성하리로다.

위대하도다! 대들보의 위에는 아름다운 노을의 광채가 영롱하니, 진실로 하나님의 영광이로다. 샛별이 반짝거리니 성도들의 면류관이 아님이 없으리라.

거룩하도다! 대들보의 중간에는 전깃불이 밝고 환하니 진리를 거슬러 올라가 자

세히 고찰할 수 있고, 우레 같은 종소리는 성령을 서로 통하게 함에 마땅하리로다. 진실이로다. 대들보의 아래에는 큰물에도 물러가지 않은 기초는 하나님이 이미 미리 정해 놓으신 것이고, 무지개가 걷혀지지 않는 문미門楣에는 사람들이 받들어 하례함이 많으리로다.

주님 오신 후 일천구백삼십팔 년 칠월 하순.

임학수 삼가 짓다.

석조예배당 건축을 위해 교회는 건축위원을 조직하여 역할을 담당하였다. 건축위원구성은 다음과 같다.

建築委員名錄		**건축위원명록**	
委員長	：林鶴洙	위원장	：임학수
副委員長	：裵永燦	부위원장	：배영찬
書記	：金在成	서기	：김재성
副書記	：姜錫模	부서기	：강석모
會計	：李載三, 李洪求	회계	：이재삼, 이홍구
工事監督	：金晟圭, 姜信立	공사감독	：김성규, 강신립
委員	：權燦永, 白泰星, 金中學, 白源達, 金明仁, 金順福, 金禧年, 千英根, 康昌漢, 金鶴洙, 梁在沃	위원	：권찬영, 백태성, 김중학, 백원달, 김명인, 김순복, 김희년, 천영근, 강창한, 김학수, 양재옥
設計製圖	：權柄星	설계제도	：권병성
請負技師	：金明均	청부기사	：김명균

예배당 건축 소감禮拜堂 建築 所感

임학수 목사는 예배당 건축기를 쓴 다음에 석조예배당 건축 소감을 세 편의 시로 남겨 놓았다.

禮拜堂 建築 所感	**예배당 건축 소감**
石殿翼然出半空,	돌집 성전이 날개를 펼치듯 반공에 솟아나니
元非人力是神功.	원래 사람의 힘이 아니고 하나님의 공력이로다.
無窮信望層層立,	무궁한 믿음과 소망이 층층이 서 있고
不動誠心箇箇同.	움직이지 않는 성심은 낱낱이 같구나.
屋角峻嚴成十字,	집 모퉁이엔 준엄한 십자를 이루었고
門楣華麗掛雙虹.	문미에는 화려하게 쌍무지개 걸구나.
隨時士女如雲集,	때때로 남자와 여자들이 구름처럼 모이니
救主榮光在此中.	구세주 예수님의 영광이 이 가운데 있구나.

又	또 짓는다
上帝經營永遠基,	하나님께서 경영하시는 영원한 터전에
天藏地秘孰能知.	하늘이 감추고 땅이 숨겨준 것을 누가 능히 알았으랴.
風霜不避祈求席,	바람서리에도 기도를 구하는 자리를 피하지 않았고
汗淚終成建築資.	땀과 눈물은 마침내 건축의 바탕을 이루었다.
功力難焚金寶現,	공력은 금보金寶가 나타남을 불사르기 어렵고
信心始覺海山移.	믿는 마음은 비로소 산을 바다로 옮길 수 있음을 깨닫겠네.
聖徒便是層層石,	성도들은 문득 이 층층의 돌과 같이
連合千秋莫暫離.	천추에 연합하여 잠시도 떠나지 말자꾸나.

又　　　　또 짓는다

屹然建物出乎天,	우뚝한 건물이 하늘에 솟게 되니
敎友誠心是石堅.	교우들의 성심은 이 돌처럼 꿋꿋하네.
得救門前虹未霽,	구원 얻은 문전에는 무지개가 걷히지 않았고
成功壁上火無燃.	공을 이룩한 벽 위에는 불에 거슬림이 없구나.
雲峰突立人皆仰,	십자가 우뚝하게 솟으니 모든 사람이 우러르고
潦水不頹歲久傳.	큰물에도 무너지지 않으니 오랜 세월 전하리로다.
創造眞神恒在此,	창조의 참 신이 늘 이곳에 계시는데
此中尤覺萬能全.	이 가운데 더욱 만 가지 전능함을 깨닫겠도다.

새디 선교사와 자녀들
프리실라 에비 제공

이웃과 함께 걸어온 교회

안동에 사과나무 전래

안동지역에 최초로 사과나무를 들여온 사람은 오월번 선교사의 부인 새디 여사이다. 오월번 선교사는 안동선교부 초기인 1909년 가을부터 안동으로 파견된 선교사이다. 새디 여사는 선교 일기를 기록하였는데 당시의 안동 상황을 유추할 수 있는 많은 사진과 기록을 남겼다.[1]

> 1910년 8월 25일 - 존슨사에 보낼 식료품 주문서를 작성하기 시작했다. 또 사과나무 몇 그루도 주문했다.

1910년 11월 4일부터 8일까지의 일기에는 다음과 같은 기록을 볼 수 있다.

> 11월 4일 - 아이오와 주 찰스 시티(Charles City)에 있는 패튼 가게(Patten's)에서

1 프리실라 웰번 에비, 앞의 책, 117, 147쪽.

주문한 사과나무를 받았다. 벌피사에 한 주문도 받았다.

11월 5일 - 부엌에서 바쁜 하루를 보냈다. 오후에는 헨리와 평덕이를 데리고 부지까지 산책을 했다. 존슨 박사가 오전에 카달로그를 보기 위해 오셨다. 사과나무는 며칠 동안 그냥 도랑에 두었다. 주문했던 씨앗들을 분류했다. 전부 좋은 상태로 도착했다.

11월 8일 - 커다란 초코렛 케이크를 만들었다. 사과나무들을 심었다.

새디 선교사는 안동에 부임하자 미국 현지에 사과나무를 직접 주문해서 묘목을 받았다는 사실을 확인할 수 있다. 주문한 여러 그루의 사과나무 묘목을 손수 심었으니 정성껏 키웠을 것이다. 그리고 결실을 보았다면, 교인들과 주위의 사람들에게 나누었을 것이다. 새디는 안동사람들을 사랑한 선교사이었다. 사과 외에 다른 과일나무를 심기도 하였다.

사과나무가 안동지역에 확산되는 역사를 전해오는 구술증언도 있다. 녹전면 녹전교회에는 1916년에 권찬영 선교사가 사과나무를 보급했다고 전해오고 있다. 또한 동일한 녹전면의 방하교회에도 권찬영 선교사에 의해 사과나무가 보급되었다고 전해지고 있다.[2] 이미 새디 선교사가 안동에 심어 놓은 사과나무를 권찬영 선교사는 자신이 담당하고 있는 교인들에게 여분의 사과나무를 보급한다는 것은 충분히 타당하고 가능한 일이다. 이 지역 농민들이 사과나무를 통해 많은 소득을 올리게 되어 농가 소득에 보탬이 되었을 것이다. 안동에 최초로 사과나무를 가져오고, 보급한 것은 선교사들이었다.

2 이교남, 「초기 안동지역의 농업선교」, 제9회 안동지역 기독교 역사포럼, 안동교회, 2020, 30쪽.

안동유치원

1945년 해방 이후 교육 분야에서도 새롭게 체제를 정비하고 시설 확충 등 관심이 고조되고 있었지만, 현실 여건상 유아교육에 대한 관심은 후 순위로 밀릴 수밖에 없었다. 안동 지역과 같은 중소도시의 경우 더 어려울 수밖에 없는 것이 현실이었다. 이러한 현실적 제약을 넘어서서 평소 건전한 민주시민은 유아기부터 기독교 교육을 받아야 한다는 소신을 갖고 있던 김광현 담임 목사의 제안으로 안동유치원이 설립되었다. 안동교회에서는 1948년 2월 22일 당회를 열어 김광현 · 김재성 · 조홍로 · 이홍구를 이사로 선임하였다. 안동교회 대표와 교회 안에 조직된 안동기독교교육회와 안동애국부인동지회 대표들이 모여서 다음과 같이 상호 약정을 체결하였다.[3]

① 3자는 안동유치원을 설립하고 그 경영의 책임을 질 것.

② 안동유치원은 기독정신에 입각한 유아교육을 실시하여 건전한 민주시민이 되게 함을 목적으로 한다.

③ 3자 중에 탈락자가 생길 경우, 탈락자는 안동유치원에 대한 자기의 모든 권리와 의무를 남은 자에게 무상으로 넘기게 되고, 남은 자는 이를 받아 안동유치원을 유지 경영해야 한다.

안동유치원은 1948년 3월 개원하였는데 이사장 김광현 목사, 원장 최매지가 선임되었다. 초대 원장 최매지는 1896년 인천 출생으로 평안남도 진남포의 삼숭소학교 교사로 재직 중 대한애국부인회 활동으로 2년 6개월을 복역한 여성독립운동가이다. 얼마 후 애국부인동지회는 유치원 운영을 포기하여 교회가 단독으로 운영하게 되었다.

---

3 김광현, 『나의목회일생 이풍랑인연하여서』, 성서교재사, 1993, 88쪽.

안동유치원 제1회 졸업생

1986년 안동에서 유일하게 몬테소리교육을 실시하여 유아교육의 선구자 역할을 했고, 조기 신앙교육과 프로젝트 접근법에 의한 교육 활동으로 유아들의 창의성 개발과 사고력 증진의 교육적 효과로 1994년에 경북교육청으로부터 우수 유치원으로 선정되어 교육감상을 수상하였다.

안동에서 가장 오랜 전통을 자랑하는 안동유치원은 1948년 2학급으로 시작하여 현재는 6학급으로, 2025년 2월 제77회 졸업식에서 41명이 졸업하여 1948년 개원 이후 총 4,436명의 졸업생이 배출된 유서 깊은 유아교육기관으로 자리매김하고 있다.

인재육성을 위한 장학사업

사회의 미래를 준비하는데 필요한 중요한 요소 중 하나는 인재의 양성이다. 교육을 통해 인재를 양성하는 데는 적절한 후원이 필요하다. 안동교회는 일제 강점기부터 신학생에게 장학금을 지급함으로써 미래의 교회 지도자를 양성하는 일을 시작했다. 1936년 2월 3일 제직회는 평양신학교 학생인 박두양, 권태희 두 학생에게 도서 구입비 명목으로 장학금을 지급하였다. 이 두 신학생은 1936년 평양신학교를 졸업하고 목사 안수를 받았다. 권태희는 소천 권태호의 동생이다.

한국전쟁 이후 시대의 상처를 보듬고 재건의 노력에 집중하는 시기이었지만, 어려운 여건에서도 본 교회는 미래를 바라보고 인재양성을 위한 결정을 시작하였다. 1957년 4월 8일 제직회 기록에는 신학생 류시홍에게 학비 10,000환을 지원하였고, 무릉교회 권정경 신학생에게 5,000환을 학비 보조로 지급하는 등 여러 차례 장학금 지급 기록을 찾아볼 수 있다.

장학제도 신설

1972년부터는 보다 체계적으로 장학사업을 추진하기 위해서 장학제도를 신설하여 운영하게 되었다. 1972년 1월 제직회에서 특별장학금 지급을 결정했는데, 교육위원회에서 가결된 '우등생 장학금' 지급 규정에는 본 교회 교인 자녀 및 본 교회에 6개월 이상 출석하고 성적이 학급 또는 학년에서 5% 이내인 중 · 고등학생을 선정해 학기마다 장학금을 지급하였다. 다음 해에 시작된 기탁 장학금은 기부자의 뜻을 새겨 지원이 필요한 교역자 자녀를 대상으로 지급하였다.

1972년 장학제도 운영이 본격화되면서 이를 제직회의 교육부에서 담당하게 하였는데, 보다 효율적인 장학사업을 위해 1981년 장학위원회를 구성하여 장학기금 모금, 장학제도 관리, 장학생 선발과 장학금 지급 등의 업무를 관장하게 하고, 장학 규정도 마련하였다.

장학제도가 마련된 초기에는 재정을 교회 경상 예산으로 지급하였는데, 장학위원회가 구성되면서 장학사업을 수행하기 위한 재원은 교회 예산과는 별도로 운영되기 시작했다. 평소에 교인들이 수시로 장학헌금을 하고, 2001년부터는 매년 5월 넷째 주일을 장학주일로 정하고 별도의 장학헌금으로 기금을 적립하고 있다.

현재 지급하는 장학금은 크게 보아 비전장학금과 리더장학금으로 각각 교회와 지역사회로부터 추천받은 장학생에게 지원하고 있다. 비전장학금은 본 교회 교인 자녀로 경제적 지원이 필요한 중 · 고등 · 대학생과 교인의 자녀가 아닌 안동 시내 고등학생과 경찰 · 소방 공무원 자녀 중에서 선발하여 지급하고 있다. 리더장학금은 미래의 리더를 양성하기 위한 목적으로 교회 내의 중 · 고등 · 대학생회의 리더 학생과, 학업성적이 우수한 지역의 중 · 고등학생과 신학생 및 유학생에게 지급하고 있다. 또한 2008년 발족된 재단 법인 안동시장학회에 본 교회는 2009년부터 장학위원회 기금 중 일부를 기탁하여 왔다. 2018년 이후 장학위원회의 장학금 지급 실적은 다음과 같다.

장학위원회 장학금 지급 연도별 총액

단위 : 천원

년도	2018	2019	2020	2021	2022	2023	2024
장학금 지급	50,987	50,805	47,000	50,914	53,694	49,683	44,566

교회 지도자들의 책임의식

"네 이웃을 네 자신 같이 사랑하라"는 말씀은 기독교인이라면 항상 마음에 새겨놓고 삶의 지침으로 삼아야 할 예수님의 말씀이다. 하나님의 말씀을 선포하고 인도하는 교회의 지도자들에게는 더욱 그러하다. 교회가 몸 담고 있는 사회와 민족이 고통당하고 있을 때 안동교회 지도자들은 그 신음소리를 외면하지 않은 지도자가 많았다. 안동교회는 창립 이후 현재까지 116년 동안 9대 담임목사가 교회를 섬겨오고 있다. 2대 이대영 목사는 중국 선교사로 파송되었고 3대 정재순 목사는 3 · 1운동 당시 대구 신정교회 담임목사로 2년형이 선고 되었다. 4대 박상동 목사는 3 · 1운동으로 부친과 함께 옥고를 치렀고, 후에 일본 관서지방 선교사로 활동할 때 민족운동 혐의로 많은 고난을 당했다. 5대 임학수 목사는 1930년대의 어려운 시기에 교회와 교인들을 돌보며 고난의 시간을 감당하였다.

初代 김영옥 목사

안동교회 김영옥 목사는 1871년 황해도 연백군에서 출생하여 우리 민족 최초의 개신교회인 황해도 솔내[松川]교회에서 장로교 최초의 원두우 선교사에게 세례를 받았다. 그는 여러 선교사의 조사로 활동하다가 1909년 가을 오월번 선교사의 조사로 안동으로 왔다. 1911년 평양신학교를 졸업하고 바로 안동교회 담임목사로 부임하여, 경북 최초의 한국인 목사로 안동교회와 인근지역의 여러 교회를 든든히 세우는 지도자였다.

당시 일제는 우리 민족을 총칼로 억압하는 무단통치 시기였다. 이 엄혹한 시기에 안동 3 · 1만세운동을 모의하는 데 주저하지 않고 그 중심에 있었다. 만세시위를 실행하기로 계획했던 거사일 하루 전인 3월 12일 일제 경찰에 의해 예비검속으로 검거되었다. 1922년 경산 사월교회에 부임하면서 경북 일대의 장로교 지도자들에게 비밀리에 독립공채모집을 독려하는 한편, 점포나 시장에 독립운동 선전물을 살포하게 하였다. 포항제일교회 담임이었던 1927년 4월 교회 중진들과 상의하여 포항에 신간회 포항지부를 설치하는 데 앞장섰다. 1939년 5대 임학수 목사가 사임하였을 때 노령임에도 후임이 부임할 때까지 잠시 안동교회의 담임을 맡았었다. 해방 후 남조선과도정부 문경군과 예천군의 민선 입법의원으로 피선되어 혼란한 국가를 위해 1년 동안 봉사하였다.[4] 그는 민족의 신음소리에 예민한 지도자였다.

7대 김광현 목사

제7대 김광현 목사

김광현 목사는 해방 이후 안동 지역사회의 안정을 위해 노력한 지도자였다. 김광현 목사는 1913년 경북 의성군에서 출생하였으며 일본 고베중앙신학교를 졸업하고 1943년 1월 안동교회에 제7대 담임목사로 부임하였다. 부임 초기는 일제 강점기 말기이어서 당국의 압박도 더욱 심해지던 시기였지만, 문제가 될 만한 설교 원고를 그때마다 태워서 없애버릴 정도로 지혜롭게 행동했다. 일제가 무조건 항복하기 한 주 전인 1945년 8월 8일 김광현 목사는 체포되어 구금되었다. 항복을 앞두고 전국에 기독교 지도자들을 제거하기 위한 계획의 일환이었다. 그런데 일제의 패망 이틀 후인 8월 17일에 석방되었다.

해방 직후 김광현 목사는 혼란한 안동의 사회 안정을 위해 큰 역할을 감당한 지역사회의 지도자였다. 김목사는 구금에서 풀려난 지 얼마 되지 않아 안동에는 치안유지회가 조직되었는데 고문으로 추대되었다. 얼마 후 안동에 진주한 미군 장교 중에 미국 프린스턴 대학 교수를 지낸 밀러라는 중위가 있었는데, 그와 의사 백태성 씨와 김목사가 안동교회 예배당에서 영어 강습회를 열어 몰려든 청년들에게 영어와 민주주의에 대한 강의를 하였다. 얼마 후 미 군정고문회의 안동군 회장과 경상북도 고문으로 군민들에 의해 추대되어 질서 안정을

4 김형태, 『목사의 일생』, 대한기독교서회, 2008, 44~66쪽.

위해 노력하였다.

1946년 8월 미 군정청에서는 법령 제118호로 입법기관을 설치할 것을 발표했다. 설치 목적은 "모스크바 삼상회의 협정에 의한 통일임시정부가 수립될 때까지, 정치 · 경제 · 사회적 개혁의 기초로 사용될 법령을 제정하는 데" 있었다. 입법의원은 민선 45명, 관선 45명으로 구성되었는데, 김광현 목사가 민선 입법의원으로 선출되었다. 1946년 12월 12일 한국 최초의 대의정치 기관인 남조선과도입법의원이 개원되었다. 김광현 목사는 문교사회분과에 소속되어 활동하였다. 다음 해 6월 자신의 소임을 어느 정도 감당했다고 판단되었을 때 의원직을 사임하고 돌아와 교회를 돌보는 일에 전념하였다. 한국의 장로교 역사는 분열이라는 부끄러운 모습을 보여왔는데, 그 당시 김광현 목사는 분열을 막기 위해서 혼신의 힘을 다한 지도자였다.[5] 김목사는 1966년 대한예수교장로회 제51회 총회장에 선출되었다.

8대 김기수 목사

김기수 목사는 1933년 경북 영주군 장수면에서 출생하였다. 총회신학교와 경희대학교에서 수학하고 1959년 경안고등성경학교 교수로 임용되었다. 1980년 김광현 목사의 뒤를 이어 안동교회 제8대 담임목사로 부임하였다. 김목사는 신의와 덕망으로 많은 사람들의 존경을 받았을 뿐 아니라 화해와 일치를 위한 노력을 아끼지 않은 지도자였다.

김기수 목사는 1994년 9월 제79회 대한예수교장로회 총회에서 총회장으로 취임하였다. 그는 특유의 유머와 재치 있는 사회로 회무를 원활히 처리하여 일정을 예정보다 하루 앞당기는 기록을 남겼다. 총회에 62년 동안 안건으로 올라와서 매번 부결되는 안건이 있었는데 여성 안수였다. 여성 안수란 여성도 남성과 동일하

---

5 김광현, 앞의 책, 55~95쪽.

미국 장로교 총회에 초청받은 남북한 교회 지도자들
왼쪽부터 남측 한국기독교장로회 배야섭 총회장과 대한예수교장로회 김기수 총회장, 북측 조선기독교도연맹 위원장 강영섭 목사

게 목사도 되고, 장로도 되도록 허용하자는 것이었다. 교회 안에도 남성 중심의 문화가 오랫동안 지배하고 있었다. 매년 총회 시에 이 안건이 상정되지만 격렬한 찬 · 반 토론 끝에 부결되었던 것이다. 김목사는 안건이 상정되자 60년이 넘도록 매년 연구와 토론이 있었음을 고려하여 찬반 토론 없이 가부를 묻는 투표로 들어가겠다고 회장 직권으로 공포하여 통과시켰다. 하나님 앞에는 남녀가 차별이 없음을 보여준 것이다.

한국 장로교는 1950년대부터 분열을 시작한 부끄러운 역사를 갖고 있다. 1959년 장로교가 분열되었을 때 각각 대한예수교장로회 "통합측"과 "합동측"으로 이름 지워졌다. "통합" 총회장 김기수 목사는 총회가 끝나자 그해 12월 장로교 "합동" 총회장인 김덕신 목사를 찾아가 만났다. 35년 전 장로교의 분열의 상처를 치유하고 화해의 물꼬를 트기 위한 발걸음이었다.

더욱이 광복 50주년을 맞은 1995년 7월 19일 미국 장로교 PCUSA 제207차 총회는 남북한 교계 지도자를 한자리에 초청해서 "한국의 밤" 행사를 가졌다. 이날 남한 측에서는 대한예수교장로회 총회장 김기수 목사와 한국기독교장로회 총회장 배야섭 목사, 그리고 북한 측 조선기독교도연맹 강영섭 목사가 초청받아 참석하였다. 평소 화해와 일치를 위해 노력해 온 김기수 목사의 간절한 염원이 이루어지는 순간이었다. 오랜 분단으로 고통받는 우리 민족에게도 화해와 소통이 이루어져야 한다는 간절한 바람이 빛을 보는 순간이었다. 이날 "한민족의 날" 행사의 하이라이트는 남측 교회가 준비한 한라산 나무와 북측 교회에서 준비한 백두산 나무를 엮어 십자가를 만드는 장면이었다. 먼저 남측에서 가져온 한라산 나무를 세로로 세우고, 북측에서 가져온 백두산 나무를 가로로 끼워 맞추자 십자가가 세워졌다. 이어서 그리스도의 보혈과 구속을 상징하는 붉은 천과 한 민족을 상징하는 푸른 줄로 묶어 십자가를 완성했을 때 그 자리에 있던 수천 명의 참석자들은 한반도의 통일을 기원하면서 박수를 치며 남 · 북한의 교회 대표들을 격려했다.[6] 그는 그 십자가를 바라보며 하염없는 눈물을 흘렸다고 한다. 김기수 목사는 일생이 화해와 일치의 사람이었다.

김재명

김재명은 안동교회의 첫 예배를 인도한 기독서원의 매서 김병우의 장남으로 1896년 태어났다. 김병우는 안동교회의 최초의 장로이자 경상북도 북부지역의 최초의 장로이기도 하다. 안동 3 · 1운동에 단서를 제공한 한 사람인 김재명은 당시 세브란스연합의학전문학교 4학년에 재학중이었다. 그는 독립선언서를 포함한 서울의 3 · 1운동의 정보를 아버지를 통해서 교회에 전하였다. 그런데 안동의

6 김신, 『화해와 일치의 사람 김기수』, 한국장로교출판사, 2014, 65~67쪽.

세브란스의전 학생들 오른편으로부터 다섯 번째의 김재명과 스코필드 박사. 스코필드 교수는 수원 제암리 학살사건을 전세계에 알린 선교사이다. 김능진 제공

만세운동으로 아버지와 바로 아래 동생인 김재성이 각각 2년과 6월의 징역형을 받았는데, 정작 본인은 피검된 기록이 없다.

김재명의 아들 김능진 전 독립기념관장의 전언에 의하면 부친 김병우 장로의 권유로 잠시 피신을 했다는 것이다. 곧 세브란스의전을 졸업하게 되고 의사가 될 텐데, 집안의 장남으로서 집안을 돌보아야 하기 때문에 부친과 둘째 아들이 만세운동을 담당하고 장남은 피신하게 했다는 것이다. 이때 김재명은 서간도로 다녀왔을 가능성이 매우 크다. 서간도에는 일찍이 석주 이상룡 선생과 내앞의 김동삼 선생 등 안동인들이 가족들을 데리고 그곳에 정착해서 독립운동 기지를 구축하고 있다는 것을 안동사람들은 잘 알고 있었을 것이다. 그는 한 달이 조금 넘는 시간을 그곳에 다녀왔을 것으로 보인다. 그곳에는 신흥무관학교가 있는 곳이다. 졸업 후 김재명은 대구 동산병원에서 10여 년을 근무하다가, 1931년 대구 남산동에 남산병원을 개업하였는데, 100여 개의 입원실이 있는 대구 최대의 개인병원이 되었다.

의열단은 3 · 1운동이 있었던 그해 11월 만주 길림성에서 밀양의 김원봉, 대구의 서상락 등이 중심이 되어 결성한 독립운동 조직으로, 후에 안동의 김지섭, 김시현 등도 가담하였다. 창단 당시 의열단원은 거의 신흥무관학교 출신으로 조직되었다. 1920년 6월 밀양경찰서 등 일제 통치기관을 파괴할 목적으로 국내에 잠입하였다가 계획이 노출되어 많은 단원들이 체포되었다. 그중 대구 출신 서상락 단원이 삭발에 승복을 입고 변장하여 피신할 곳을 찾다가 김재명이 대구에 있음을 알고 은밀히 사람을 보내 자신의 피신을 도와달라고 부탁하였다. 김재명은 밤에 자신의 집 담장을 넘어 들어오라고 하여 안전하게 숨겨주었다. 떠날 때 상당액의 독립운동 자금도 만들어 주어서 보냈다. 남산병원을 개업한 후에도 위험을 무릅쓰고 국내에 잠입한 독립운동가들을 병원 안에 피신시켰고, 때로는 시체실에 숨기기도 하였다고 한다. 서상락 의사가 무사히 탈출한 사건 이후 서지사의 형 서영로와 김재명이 의형제를 맺고 계속 교류를 했다고 한다. 일제 경찰의 검거령이 내려진 의열단원이 어떻게 안동 출신 김재명에게 보호 요청을 할 수 있었을까? 3 · 1운동으로 안동사람 김재명이 피신으로 서간도에 가서 서상락을 만났고 믿을 만한 친분이 있었기 때문에 피신을 요청했을 것이다.

이러한 사실은 모두 서상락의 형 서영로의 외손자가, 노년의 어머니로부터 가끔 들은 이야기를 증언하여 최근에 알려지게 되었다. 그의 어머니는 아버지 서영로와 김재명의 연락을 맡아 심부름을 하였는데, 당시 십대의 어린 소녀이었기 때문에 크게 의심 받지 않고 메신저 역할을 할 수 있었다고 한다. 이러한 사실이 오랜 세월이 지나서야 알려지게 된 것은 일제 강점기에는 비밀을 지켰고, 해방 이후에는 북한에서 활동한 김원봉의 독립운동과 관계되는 것이어서 혹시 집안에 누가 될까 봐 이야기를 못했다고 한다.[7]

그는 평생을 기독교인으로서 도움을 필요로 하는 이들에게 자신이 할 수 있는 일을 기꺼이 하는 사람이었다. 대구 실수학원 설립을 지원하거나 영남교육재단 이사 등 교육에도 관심이 많았다. 대구 칠곡에 한센인 보호 시설인 애생원을 설립하여 원장으로 환자들을 치료하며 돌보았고, 애생원 안동분원에 치료약을 공급하고 치료차 방문하기도 하였다. 1959년 애생원 안동분원이 안동성좌원으로 분리되면서 초대 이사장을 역임하였다. 칠곡 애생원에 삼육학원을 설립하여 일반 학교에 갈 수 없는 한센병 환자의 자녀들에게 초 · 중등 교육을 받게 하였다. 그는 네 이웃을 네 자신 같이 사랑하라는 말씀에 따라 사는 사람이었다.

김선인

김선인은 안동교회가 설립한 계명학교 출신으로서 대구 · 경북 지역에서 여성으로서 최초로 병원을 개업한 개업의開業醫이다. 그녀는 안동교회의 초대 전도사인 김정숙 전도사의 질녀이다. 1909년 기독교 집안에서 태어나 신실한 신앙인으로 성장하였다. 1921년 안동교회가 설립한 계명학교를 졸업하고 대구 신명여

7 의열단원 서상락 의사의 형 서영로의 외손자 최기현의 증언.

학교에 진학하여 5년의 과정을 마치고 졸업하였다. 신명여학교는 계명학교와 마찬가지로 대구선교부의 부루엔 선교사의 부인Martha Scott Bruen 선교사가 1907년에 설립한 중등학교로, 당시 이 지역의 유일한 여성중등교육기관이었다. 그녀는 졸업하던 그해에 일본으로 건너가 기독교 학교인 일본 시모노세키 맹광여자중학교를 거쳐 일본여자의학전문학교에서 수학하였다.

그녀는 학업을 마치고 고향으로 돌아와 1934년 경북 안동도립병원 내과에서 의사로서의 생활을 시작하였고, 이후 대구 도립병원으로 옮겼다. 김선인은 1935년 26세의 나이로 대구에서 선인의원을 개원하여 대구 경북 지역 최초의 여성 개업의가 되었다. 여성에 대한 편견을 딛고 의사라는 전문직을 통해 시대적 한계를 넘어선 김선인은 해방이 되자 활동 영역을 더 넓혀 여성운동가로 활동하기 시작하였다.

그녀는 기독교인으로서 여성 기독교인이 중심이 된 기독교 건국신우회와 한국애국부인회에서 활동하였다. 그러다 한국 최초 여성정당인 대한여자국민당에서 경북도당위원장을 맡아 활동하였으며, 제헌의회 총선거에 출마하였으나 당선되지 못했다. 1949년 대한부인회가 창립되자 경상북도 본부의 초대 회장으로 피선되어 10여 년 동안 지역 여성운동이 자리를 잡는 데 크게 기여했다.[8] 김선인은 여성으로서 시대의 한계를 앞장서서 헤쳐 나간 신여성이었다.

8 경북여성정책개발원, 『길을 만든 경북여성』, 원컴, 2013, 192~201쪽.

이웃과 함께 하는 교회

안동평생교육센터

급변하는 사회 현상과 다양한 문화가 공존하는 이 시대는 생애의 한 시기에 이루어지는 교육만으로는 지식 습득의 한계가 있다. 따라서 삶의 전 과정에 걸쳐 필요한 지식 교육이 이루어져야 하는 시대를 살고 있다. 이러한 시대적 요청에 맞추어 안동교회는 평생교육의 장을 열고 있다.

안동 지역사회에 평생학습의 기회를 제공하기 위해서 2005년 6월 25일 안동문화센터를 개강하였다. 개강 당시 교육 프로그램으로는 아트 스쿨 · 뮤직 스쿨 · 헬스 놀이 스쿨 · 실용 취미 스쿨 · 컴퓨터 스쿨 · 봉사 체험 스쿨 · 어머니 스쿨로 총 7개 분야였다. 참여 대상은 초 · 중 · 고등학생뿐 아니라 일반 성인반도 별도로 개설하였다. 2007년부터는 1학기와 2학기로 나누어 각 16주간으로 운영하였고, 서예 · 염색 공예 · 퀼트 · 댄스 스포츠 · 웰빙 스트레칭 · 바이올린 · 탁구 · 수학교실 · 중국어 · 리코더 · 천자문 · 영어 성경 이야기 · 독서 교실 등으로 확대하였다.

2012년부터는 안동문화센터에서 안동평생교육센터로 이름을 바꾸어 내실

있는 운영을 위해 노력하고 있다. 평생교육센터는 바이올린이나 첼로 등 장기간 교육이 필요한 강좌는 매 학기 연속적으로 개설하고, 연말에 수강생들의 발표회와 작품 전시회를 열어 성과를 알리고 있다. 평생교육센터는 교인뿐만 아니라 지역민들에게도 생애의 어느 때나 참여할 수 있는 배움터를 제공하고 있다.

하늘씨앗어린이도서관

안동교회 도서실은 1996년 2월 시작되었다. 청년부 주관으로 도서를 기증받아 교육관에 비치하고 초 · 중 · 고등학생과 성인을 대상으로 도서를 대여하였다. 1999년 연세대학교 이사회로부터 도서 마련 기탁 기금으로 많은 도서를 확보하여 도서실로서의 내실을 다져 나갔다. 2009년 안동교회 창립 100주년을 맞아 건립된 "100주년 기념관"이 완공되면서 도서실은 새로운 계획을 하게 되었다. 기존의 성인을 포함한 일반적인 도서관 기능에서 "어린이 전용 도서관"으로 100주년 기념관 1층에 개관하게 되었다.

하늘씨앗어린이도서관 사진: 류종승

2009년 8월 28일 "하늘씨앗어린이도서관'으로 새롭게 개관한 도서관은 경북 북부 지역에서는 유일한 어린이 전용 사립도서관으로서의 손색이 없는 면모를 갖추게 되었다. 새로운 공간에서 어린이 도서관에 걸맞게 편의시설을 갖추고 도서와 교육용 DVD 등을 갖추는데 노력한 결과 8,000여 권의 도서를 갖추어 새롭게 시작하게 되었다.

하늘씨앗어린이도서관은 2013년 "안동시 시립 작은 도서관"으로 등록되어 있고, 2016년 문화체육관광부 주관 "어린이와 작은 도서관 책 친구" 지원 사업에 선정되는 등 지역 아동을 위한 독서 활동 사업을 꾸준히 이어오고 있다. 현재 소장 도서로는 어린이 도서 39,287여 권, 청소년 및 일반도서 3,900여 권, 어린이용 영어 도서 및 관련 CD 6,200여 점, DVD · CD 1,000여 점을 보유하고 있다. 현재 안동 시민 6,253 가정이 회원으로 등록되어 있으며 한 주간 이용 인원은 평균 750여 명이다.

노인을 위한 섬김

노인종합복지센터

안동교회는 기독교 신앙을 기반으로 노인을 위한 복지 기반을 마련하려고 1982년 기독노인회를 창설하여, 65세 이상 남녀 노인이 회원으로 참가하게 되었다. 안동교회 경내에 공간을 마련하여 활동하였는데, 공식적으로는 사단법인 대한노인회 안동교회 기독교 경노당으로 노인복지법에 따른 노인 여가 시설로서 지자체인 안동시로부터 승인된 노인 복지 시설이다.

2011년 안동교회는 노인 사역의 범위 확대와 체계적인 관리를 위해 노인종합복지센터를 개관하였다. 노인종합복지센터의 역할은 지역 노인 복지사업, 독거노인 반찬 나눔 사업, 노인 일자리 사업으로 구성된다. 지역 노인 복지사업은 1993년부터 이어온 안동경로대학 관리와 지역 독거 및 무의탁 노인과 조손 가정에 쌀과 라면 등을 전달하여 돕는 "사랑을 배달하는 사람들"이다. 독거노인 반찬 나눔 사업은 2011년 안동노인종합복지센터 개관과 더불어 시작했다. 노인 일자리 사업은 노년의 빈곤 문제를 정부와 지자체가 주도하여 일자리를 노인에게 제공하는 사업으로, 본 교회는 2014년에 신규 노인 일자리 제공 전담기관으로 신청하여 노인종합복지센터에서 관리하도록 하였다.

경로대학

기대 수명이 연장되고 은퇴 이후 노년기의 삶의 사회적 소외와 상실감에 대한 대안에 사회적 관심이 높아진 지 오래이다. 지역사회에 대한 섬김의 한 장으로서 안동교회는 1993년 안동노인학교를 개교하였다. 제1기 신입생 136명을 모집하였으며 1994년 11월 86명의 첫 졸업생을 배출하였다. 1995년 노인학교를 "안동경로대학"으로 교명을 변경하였는데, 2004년에는 등록한 학생수가 400명을 넘어섰다.

백주년기념관이 완공된 2010년 이후에는 보다 편리하고 쾌적한 환경에서 교육이 이루어지면서 참여자들의 교육 만족도를 더욱 높이는 계기가 되었다. 2011년에는 일본 교토[京都]교회 경로대학인 실버스쿨 회원 17명이 박용수 담임목사와 방문하여 안동경로대학을 참관하였다. 2023년에는 안동경로대학 30주년을 맞이하여 이를 기념하기 위한 행사를 교회에서 계획하게 되었다. 안동실내체육관에서 진행된 "1,000명 어르신 초청 사랑의 잔치"에는 예상보다 많은 분들의 참여로 성황을 이루었다. 2년 교육과정으로 운영되는 경로대학은 1993년 개교 이래 2024년까지 입학생은 4,609 명, 졸업생은 584 명, 수료생은 1,266 명에 이르고 있다.

지역사회에 나눔 사업

한국사회에서 이주 여성이 한국 남성과 결혼한 이른바 "다문화 가정"은 우리 사회의 결혼 형태의 한 유형이 되고 있다. 이주 여성이 한국에서 가정을 이루며

사회에 적응하는데 필요한 것은 지역사회의 보살핌이다. 본 교회에서는 2009년 교회 창립 백주년을 맞아 "다문화 가정 섬김이"를 조직하고 그해 9월 5일 제1회 다문화 가정 초청 축제를 마련하였다. 2010년에는 결혼 예식을 생략한 채 살고 있는 다섯 쌍의 부부를 초청하여 교회에서 담임목사의 주례로 합동결혼식을 진행하였다. 2박 3일 국내 신혼여행 경비도 교회에서 전액 지원하였으며, 교인들이 개별적으로 결혼식 의상과 예식 음식을 후원하기도 하였다. 2016년 다문화 가정 이주 여성 가운데 자격을 갖춘 사람을 강사로 초빙해 외국어를 지역 주민에게 강의할 수 있는 과정을 개설하였다.

북한 이탈주민 돕기의 시작은 2010년 탈북민의 정착을 돕기 위한 기금 마련을 위한 바자회에서 시작되었다. 여전도회 주관으로 이루어진 이틀간의 바자회에서 마련된 후원금 오백만 원을 대한적십자사 경북지사에 전하였다. 본 교회는 2005년부터 시작한 "사랑을 배달하는 사람들" 사업으로 이웃 사랑 나눔에 탈북민도 함께 나눔을 이어 오고 있다.

성탄절은 기독교인이 아니라도 아이들에게는 선물을 기대하며 설레는 날이다. 본 교회 청년들인 하늘청년교회는 2008년부터 성도들로부터 후원금을 받아 기금을 마련하여 "사랑의 열매 나누기"를 하고 있다. 매년 크리스마스 이브에 청년들이 한부모 가정 등 50여 가구를 정하고 직접 방문하여 성탄 축하 케익과 선물을 전달하고 있다.[1]

안동사랑 Green Church 캠페인

전례가 없는 홍수와 가뭄, 대형 산불 등 기후 위기의 문제는 이제 일상이 되다시피 우리 삶의 자리에 심각한 영향을 주고 있다. 누구나 머리로는 이러한 환경

1 안동교회역사위원회, 앞의 책 Vol.02, 105~133쪽.

문제의 심각성을 인식하고 있지만, 현재 자신이 누리고 있는 풍요와 편리함을 줄이고 낮추어 불편을 감수하는 일이 그렇게 만만치 않다.

안동교회는 김승학 담임목사의 확고한 의지로 2023년부터 "안동 사랑Green Church 운동"을 추진하고 있다. 이 탄소제로 캠페인은 우리의 무디어진 의식을 일깨워 환경문제의 심각성을 깊이 각성하고 실천에 나서도록 하기 위해서 매주 발행되는 주보에 빠짐없이 게재하고 있다.

1주차는 물 아껴 쓰는 주간/ 일회용 플라스틱 병 안쓰기 · 빨래 가득 채워 세탁기 돌리기 · 양치할 때 물컵 사용하기,

2주차는 음식/ 채소요리 먹는 주간/고기 안 먹는 하루 · 패스트푸드 안 먹기 · 배달음식 안 먹기,

3주차는 에너지/걷기 · 자전거 · 대중교통 주간/ 걸어서 장보기 · 실내 온도 1도 내리기 · 사용하지 않는 코드 빼기 · 대중교통 이용하기,

4주차는 물자/물자 아껴쓰는 주간/ 안 쓰는 물건 나누기 · 에코백 시장 가방 활용하기 · 일회용품 사용 안하기.

이러한 캠페인을 통해서 환경문제의 심각성을 깨닫고 우리의 의식과 생활 방식의 근본적인 변화를 기대하는 운동이다.

선교사 파송

올해는 1885년 4월 5일 원두우 선교사와 아펜설라 선교사가 제물포를 통해 이 땅에 들어와 선교활동을 시작한 지 140주년이 되는 해이다. 풍토병의 위험과 여러 가지 어려움이 있는 이 땅에 병원을 설립하여 질병으로 고통당하는 이들을 치료하고, 학교를 세워 교육을 통해 미몽에서 깨어나게 하며 예수 그리스도의 사랑으로 희생을 마다하지 않은 선교사들을 생각하면 우리에게 마음 깊은 곳으로부터 고마운 마음을 느끼게 된다. 그들 가운데는 사랑하는 자녀들과 함께 지금 이

땅에 묻혀있는 이들도 적지 않다.

안동교회는 그러한 선교사들의 희생의 자취를 되새기며 도움을 받던 나라에서 이제는 우리의 도움을 필요로 하는 세계 곳곳에 선교사를 파송하고 있다. 안동교회는 2025년 현재 주파송 선교사 15가정 30명의 선교사를 파송하고, 25명의 후원 선교사, 10개의 선교기관에 후원하고 있다.

기독교윤리실천운동은 2015년 안동교회를 "참 좋은 교회" 수상자로 선정

참 좋은 교회

안동교회는 1909년 창립 이후 지역사회를 향하여 예수 그리스도의 복음을 전하며, 예수 그리스도의 마음으로 이웃을 섬기려고 한결같이 노력해 왔다. 안으로는 116년의 세월 동안 단 한 번도 교회가 갈등으로 분열한 적이 없으며, 화합하고 베풀고 돌보는 마음으로 지역사회를 섬겨왔다. 안동교회는 2015년 기독교윤리실천운동 본부로부터 "참 좋은 교회상"을 받았다. 기독교윤리실천운동 본부가 안동교회를 참 좋은 교회상 수상자로 선정한 것은 "네 마음을 다하며 목숨을 다하며 힘을 다하며 뜻을 다하여 주 너의 하나님을 사랑하고 또한 네 이웃을 네 자신 같이 사랑하라"는 예수님의 말씀을 안동교회가 가슴 깊이 새기고 이웃을 돌보고 섬기는 일로 지역사회로부터 신뢰가 높고 하나님 나라를 위한 노력을 헌신적으로 실천해 온 교회로 인정했음을 의미한다고 생각된다. 또한 이 상에 비추어진 자신의 모습을 다시 한번 되새겨보고 겸손한 마음으로 자신의 부족한 부분을 살펴 보완하고 그늘진 곳을 찾아 도움을 필요로 하는 이웃들에게 예수 그리스도의 사랑을 실천하라는 교회의 본분을 다시 한번 일깨워주는 의미로 생각된다.

안동교회 예배당과 100주년 기념관

참고문헌

『안동교회 당회록』

『안동교회 제직회록』

경북여성정책개발원, 『길을 만든 경북여성』, 원컴, 2013.

김광현, 『나의목회일생 이풍랑인연하여서』, 성서교재사, 1993.

김대성, 「안동교회 석조예배당 연구」, 제7회 안동지역 기독교 역사포럼, 2018.

김승학, 「안동선교 초기의 기독교 모습들」, 제5회 안동지역 기독교역사포럼, 2016.

______, 「안동지역 의료근대화」, 제12회 안동지역 기독교 역사포럼, 2023.

김　신, 『화해와 일치의 사람 김기수』, 한국장로교출판사, 2014.

김원석, 「안동의 3·1운동」, 안동대학교 석사학위논문, 1994.

김을동, 『안동판독립사』, 명문사, 1985.

김형태, 『목사의 일생』, 대한기독교서회, 2008.

도널드 R. 플레처(이용원), 『십자가와 수술칼 Dr. 플레처의 선교이야기』, 2021.

소천권태호선생 기념사업회, 『음악가 권태호』, 도서출판 창조와지식, 2018

안동교회 80년사 편찬위원회, 『안동교회80년사』, 기독교문화협회, 1989.

안동교회역사위원회, 『안동교회111년사』, 킹덤북스, 2022.

안동독립운동기념관, 『국역 고등경찰요사』, 2009.

이교남, 「초기 안동지역의 농업선교」, 제9회 안동지역 기독교 역사포럼, 2020.

프리실라 웰본 에비, 『안동 장로교 선교의 시작』, 에스더재단, 2015.

한국근현대사학회, 『한국독립운동사강의』, 한울아카데미, 1998.

해리 로즈(최재건), 『미국 북장로교 한국 선교회사』, 연세대학교 출판부, 2009.

Richard H. Baird, *William M. Baird of Korea: a profile*, 1968.

안 동
문 화
100선

●❸❷

안동교회

초판1쇄 발행 2025년 12월 10일

기 획 한국국학진흥원
글쓴이 김대성

주간 조승연
편집 · 디자인 오경희 · 조정화 · 오성현
신나래 · 박선주 · 정성희
관리 박정대

펴낸곳 민속원
펴낸이 홍종화
창업 홍기원
출판등록 제1990-000045호
주소 서울 마포구 토정로25길 41(대흥동 337-25)
전화 02) 804-3320, 805-3320, 806-3320(代)
팩스 02) 802-3346
이메일 minsokwon@naver.com
홈페이지 www.minsokwon.com

ISBN 978-89-285-2188-3
S E T 978-89-285-1142-6 04380

ⓒ 김대성, 2025
ⓒ 민속원, 2025, Printed in Seoul, Korea

이 책은 저작권법에 따라 보호를 받는 저작물이므로 무단전재와 복제를 금지하며,
이 책의 전부 또는 일부를 이용하려면 반드시 저작권자와 출판사의 서면동의를 받아야 합니다.